El libro contiene herramientas prácticas para la intervención formativa. Se plantea la formación desde la perspectiva del desarrollo profesional y se adopta un enfoque profundo novedoso que integra los ámbitos racionales, emocionales y vivenciales que requiere el aprendizaje y la actualización permanente en las profesiones educativas: la docencia, la pedagogía, la psicología, o la formación de formadores.

- El estudiante universitario va a contar con un manual teórico-práctico de referencia para dominar el ámbito de la formación y el desarrollo profesional.
- El educador va a encontrar en el texto herramientas provechosas para encarar su propio proceso de desarrollo y perfeccionamiento.
- El formador de formadores va a disponer de referencias teóricas y actividades prácticas que facilitarán su intervención.

Deep University Online !

For updates and more resources
Visit the Deep University Website:

www.deepuniversity.com

Professional Development Book Series:

http://www.deepuniversitypress.net/dpd.html

ISBN 978-1-939755-05-6 (Pb)

Library of Congress Cataloging-in-Publication Data
1. Professional Development—Study and teaching. 2. Vocational Education. 3. Fernandez Cruz, Manuel

Palabras clave: Formación y desarrollo de profesionales de la educación - enfoque profundo - Educación - Ciencias de la Educación

Keywords: Professional Development – Vocational Education – Deep Learning – Teaching – Education

Público objetivo: Estudiantes, maestros, profesores, docentes (todos los niveles) - Pedagogos, psicopedagogos, psicólogos, sociólogos - Profesores Universitarios de Ciencias de la Educación, Pedagogía, Psicología, Ciencias Sociales - Formadores.

Target audience: K-12 teachers and Collegiate teacher educators – teacher training coordinators – curriculum designers – policy makers – graduate students - university researchers

Version 1

FORMACIÓN Y DESARROLLO DE PROFESIONALES DE LA EDUCACIÓN

Un enfoque profundo

Manuel Fernández Cruz
Universidad de Granada

Deep University Press
Blue Mounds, Wisconsin

Also by Manuel Fernandez Cruz

Forthcoming

FORMACIÓN PROFUNDA DE PROFESIONALES
DE LA ESTIMULACIÓN TEMPRANA

UN ENFOQUE PROFUNDO DE LA FORMACIÓN
DE LÍDERES UNIVERSITARIOS

Contenidos

Prólogo

Ángel-Pío González Soto
Universitat Rovira i Virgili

Son muchas las variables que "median" en la relación entre enseñanza y aprendizaje, tantas que solemos prescindir, en la práctica, de la mayoría de ellas, de tal modo que ciframos el nexo entre la acción de enseñar y el proceso de aprender en el contenido a transmitir y en la postura del alumno ante él.

Tanto es así que todos los cambios que vienen haciendo "ruido" respecto a los procesos de enseñar y aprender se asientan en la incorporación de MEDIOS que "intuimos" pueden mejorar la comunicación del contenido y del alumno con el profesor, con el agravante de que solemos caer en el error de poner el énfasis solamente en el medio y su desarrollo.

Lo moderno hoy es contar con recursos tecnológicos, que parece que se justifican en sí mismos y que, no se sabe cómo, van a operar el milagro de arreglar de una vez por todas la díada enseñar y aprender. En lo demás se ha cifrado todo en la acumulación de silogismos, en traer a la realidad del aula viejas propuestas con nombres nuevos y en acumular denominaciones que solo ensombrecen la comprensión de un proceso que ya es, en sí mismo, complejo y difuso.

Efectivamente hay que cambiar mucho en la relación que necesita el proceso de enseñar y aprender. Hay que lograr comprensión de lo que es importante por parte de la sociedad, que los agentes sociales confluyan en el mismo sentido sobre todo en la creación de un modelo de persona, que colaboren los medios de comunicación social, que situemos en el plano que corresponden a los progenitores, los recursos y los "modelos". Pero, a la vez, hay que elevar de categoría los sustentos de las acciones de ese proceso de enseñanza y aprendizaje, que se han venido relegando de un modo que pareciera buscado. Nos referimos a la DIDÁCTICA y al PROFESOR.

La política ha basado sus cambios en intereses partidistas (mal planteados, por otra parte) y los ha justificado sobre elementos sociológicos y psicológicos, lo que, aún siendo necesario, ha ayudado a desdibujar el proceso y a subvertir los objetivos de la educación, por más que se quisieran mantener, es más, ni se han revisado siquiera. Y el sistema, con sus inercias y sus resistencias, se ha dejado llevar.

Hoy, en la realidad de nuestras aulas, se carece de justificación didáctica para implementar acciones de enseñanza, se actúa por imperativos snobs y se adornan o justifican esas acciones con conceptos vacíos. Hay que volver la mirada a la esencia, a la didáctica y al profesor, decíamos. Y, aunque me duela, porque soy maestro de educación infantil y primaria, porque he sido profesor de Formación Profesional y porque soy formador de formadores, hay que reconocer que la situación de los nuevos profesores es... preocupante, por decirlo de un modo suave. Quizá por eso algunos gobiernos territoriales se estén planteando nuevas exigencias para los estudiantes que quieran acceder a la profesión docente.

Es ahí justamente donde la presente obra cobra un significado especial y no por el título (que es llamativo en sí mismo) sino por el desarrollo que plantea: un "enfoque profundo" sobre la formación y profesionalización de los docentes.

Y a fe que lo logra. Ese recorrido sobre la historia de la formación de los docentes, sobre las distintas orientaciones que han sustentado esa formación, ese análisis sobre la profesionalidad, sobre sus modelos, sobre el desarrollo profesional y sobre la investigación e innovación en el ámbito docente es altamente necesario hoy para evitar que la pérdida de sentido presente en la educación nos lleva al abismo de la nada, del vacío, propio solo para los charlatanes y los vendedores de humo, de los nuevos manipuladores de opinión, que están logrando tal proliferación de miradas que, a la postre, no logramos ver lo que realmente vale la pena y lo que es preciso hacer para salir del abismo en el que nuestro sistema de enseñanza se ha sumido.

Estamos, pues, ante una obra "esencial", que disecciona por completo al docente y nos lleva a ubicarlo como corresponde en el proceso que lo justifica, el de enseñar y educar.

Preámbulo

Al sur de Granada, siguiendo la sinuosa carretera que atraviesa la comarca de la Alpujarra, serpentea entre las montañas nevadas y se adentra en barrancos profundos hasta llegar al mar, una mañana soleada conducía mi viejo megane scenic, acompañado por mi esposa y conversando con el Dr. François Victor Tochon, que hacía una estancia de tres meses en mi universidad como académico invitado.

Tochon nos hablaba de su interés por desarrollar el concepto de "educación profunda" como plataforma de recuperación de lo que, en definitiva, es lo esencial en la educación: el compromiso educativo entre profesor y alumno. Un compromiso que sólo se entiende desde una implicación que supera lo instructivo para adentrarse en lo humano, alarga en el tiempo la ambición del logro de resultados educativos y rescata la idea más profunda del verdadero aprendizaje.

Este viaje, que recuerdo por la intensidad de la conversación además de porque llegados a un mesón del siglo XVIII, alguien derramó sobre nuestras ropas parte del vino con el que regábamos los manjares propios de aquellos pueblos serranos, transcurrió en un día del mes de abril de 2010, cuando Tochón pergeñaba el borrador de lo que sería su artículo "Deep Education" http://www.ugr.es/~jett/articulo.php?id=1 publicado en la revista electrónica JETT que edita mi grupo de investigación.

El artículo, que a fecha de hoy, ha sido bajado por unos 66.608 lectores de todo el mundo, es el que sienta las bases de lo que, en los siguientes cuatro años, se ha fortalecido con conferencias, encuentros científicos, seminarios y otras nuevas publicaciones, y se a convertido en una línea prometedora de pensamiento en educación, a la que desde la Universidad de Granada contribuimos algunos colegas.

Este libro que ahora vas a comenzar a leer, ya seas estudiante de pedagogía, profesor en formación o formador en ejercicio, es fruto también de aquel viaje y el primero de la serie sobre "Desarrollo Profesional Profundo" que la editorial "Deep University Press" saca al mercado. Por ser el primero, este libro pretende aportar más argumentos a la línea de pensamiento y abrir un espacio de difusión de prácticas de "educación profunda" en el ámbito de la formación y el desarrollo profesional.

Aquí presento la revisiones teóricas y modelos que deben conocer los formadores de profesionales de la educación, junto a las claves para intervenir y realizar sesiones de formación verdaderamente prácticas y que provoquen un desarrollo profundo.

Todo el texto está refrendado por mi propia experiencia como formador y como formador de formadores. Una experiencia que se ha visto enriquecida con el trabajo de investigación que junto a mis colegas he realizado en lo últimos 25 años y que han dado forma a la aproximación (auto)biográfico-narrativa que presento aquí como un modelo de calidad, sostenible y profundo, desde el que abordar tanto la intervención como la indagación en formación y desarrollo de profesionales de la educación.

En el primer capítulo presento la teoría sucinta necesaria para enmarcar el "desarrollo profesional profundo" en el actual escenario social y epistemológico como perspectiva abierta a un futuro en el que los aspectos emocionales e interpersonales de la formación tienen más cabida. El segundo capítulo está dedicado a realizar un análisis de las profesiones educativas, sus cambios en los últimos años y las tendencias que se observan en su evolución próxima.

En el tercer capítulo discuto modelos concretos de intervención que he experimentado en mi trabajo de formación con profesores de todos los niveles y educadores de distintos ámbitos. En el capítulo cuarto exploro los procesos básicos de la formación y el desarrollo como son el conocimiento profesional, la identidad profesional y la cultura organizativa de las instituciones educativas.

En el quinto capítulo recojo las claves prácticas de intervención formativa que he ido decantando con mi propia experiencia a lo largo del tiempo. El sexto capítulo lo dedico a la investigación en formación y la innovación de los procesos formativos y su sostenibilidad.

Cada capítulo concluye con una sección donde resumo los principales aprendizajes acumulados en el ámbito y que sirven para argumentar el desarrollo profundo. También se proponen cuestiones prácticas que sirven de guía para la animación de seminarios, actividades y sesiones de formación, así como cuestiones de indagación que se pueden abordar para profundizar en la comprensión de los asuntos tratados en el capítulo.

Ha sido mi intención redactar un texto útil para los estudiantes de pedagogía y los estudiosos de la formación. Un texto que espero que contribuya a mejorar las prácticas formativas así como la comprensión de todo aquello que ponemos en juego cuando nos dedicamos al desarrollo profesional profundo.

CAPÍTULO 1

Aproximación sostenible y profunda

1. Análisis histórico de la formación de profesionales de la educación

Martin Gripenberg, inspector jubilado del sistema educativo de Finlandia y Salvio Rodríguez, inspector de educación en España, debatían frente a mí los factores que podían justificar el éxito del país nórdico en los sucesivos informes PISA frente al modesto resultado del país mediterráneo. En 2011, habíamos organizado unas jornadas sobre Evaluación Basada en Estándares para profesorado joven de la Facultad de Ciencias de la Educación de la Universidad de Granada en las que participaban ambos. Y para ese entonces, ya había algunos resultados comparativos concluyentes: tanto el nivel cultural de los docentes en Finlandia, como la calidad de su formación inicial y permanente, eran más altos que en España. Y aún no siendo estos los únicos factores diferenciadores, ya tienen de por sí un peso considerable.

De hecho, la mayoría de estudios en el ámbito la formación de profesionales de la educación ha estado dirigida a la búsqueda de rasgos de efectividad en el ejercicio profesional, de características de calidad en los programas formativos y de las correlaciones entre eficacia docente y rendimiento educativo junto a sus implicaciones económicas y políticas. Desde Gage a Shulman, recordaba yo con Martin y Salvio, no hemos dejado de investigar sobre las mejores prácticas de formación y desarrollo. No hemos dejado de analizar el porqué de los pobres resultados de algunos programas formativos prometedores y de maravillarnos cuando hemos alcanzado una práctica que lograra un desarrollo profesional profundo en nuestro formadores. Ha revisar esos estudios, dedicamos este primer capítulo.

Para realizar un análisis histórico que sirva para incrementar nuestra comprensión del ámbito de la formación y el desarrollo de los profesionales de la educación y sus procesos asociados, hemos seguido la excelente revisión que hicieron Cochran-Smith y Fries en 2005, resumiendo sus aportaciones esenciales para su presentación en español y enriqueciéndola con nuestra propia experiencia en la formación de profesionales de educación y con la investigación en el campo. Como se verá, las sucesivas revisiones de investigaciones, sus avances y limitaciones, así como la progresiva ampliación de lo que en principio estuvo tan sólo restringido a la formación inicial de docentes en Escuelas Normales y Colleges universitarios, incorporando la perspectiva del "desarrollo" que complementa a los conceptos de formación inicial y formación permanente, así como el perfil de "profesional de la educación" más amplio que el de "docente", han guiado la redacción de este análisis.

1.1. Origen de los estudios sobre formación y desarrollo

Como destacan Cochran-Smith y Fries (2005), a principio de los años 60, la formación del profesorado era un campo académico aún no explorado aunque existieran algunos estudios de corte científico que ya se estaban realizando en el ámbito de las Escuelas Normales en todo el mundo, desde las décadas de los 30 y 40, pero de forma no sistemática y enraizada en un campo conceptual común. Destacan la desconexión que existía entre los estudios previos realizados entre sí y su desconexión con la práctica escolar, las decisiones de política educativa y la deriva de los sistemas educativos. Hay que agradecer a estos primeros estudios el primer intento de sistematizar el campo de estudio emergente organizando la investigación sobre formación del profesorado en cuatro ámbitos: administración y organización; formadores de profesores; currículum e instrucción; y estudiantes en los programas de formación del profesorado. De estos ámbitos analizan tanto su marco conceptual, como sus aproximaciones metodológicas.

Desde principios del siglo XX encontramos los primeros estudios sobre formación del profesorado centrado en la búsqueda de rasgos que puedan definir al profesor eficaz. En ellos se acuñan catálogos de rasgos, con la idea de que los programas de formación del profesorado incluyan en su estructura curricular los componentes formativos que permitan a los estudiantes alcanzar esos rasgos para mejorar la enseñanza. Son variados y múltiples los intentos de cosificar en listas de rasgos al profesor efectivo y son las propias administraciones educativas las que alientan a los formadores de profesores a realizar investigación en esta línea como una manera eficaz de mejorar los logros educativos de los escolares.

Este tipo de investigación se realiza básicamente a través de cuestionarios, inventarios de opiniones y listas de observación. Su generalización depende del tamaño de las muestras elegidas. El problema de esta investigación realizada no es tanto su fiabilidad como la validez del constructo que quiere medirse y el excesivo reduccionismo de la eficacia docente a los rasgos personales de los individuos. A pesar de los grandes esfuerzos que se realizan en esta época para tratar de mejorar los programas de formación docente en base a evidencias empíricas, estos no se traducen en reformas importantes pues la financiación educativa sufre mermas considerables en esa época de recesión.

En los primeros años 50 intenta reunirse toda la información disponible para reformar las instituciones de formación de profesorado (Escuelas Normales y College universitarios, según los casos) y se realizan conferencias de responsables institucionales en las que, además, se intenta cerrar el debate eterno sobre si los programas de formación del profesorado deben girar sobre el contenido de las materias -qué enseñar- o sobre los aspectos didácticos -cómo enseñar-. Esto es, el debate (que aún no se considera cerrado) entre especialistas y pedagogos.

Todo este período culmina con una recopilación de la información disponible, en aras a lograr un consenso general, que recogen Hodenfield y Stinnett (1961) en los siguientes puntos: (a) los futuros docentes necesitan más y mejor formación; (b) hay que eliminar lo inútil y trivial de los programas de formación docente; (c) el incremento de exigencias para la formación inicial debería generar un mayor número de docentes;

(d) son igual de importantes el conocimiento de cómo enseñar y el conocimiento de qué enseñar; (e) las prácticas de enseñanza son muy valiosas; (f) todos los departamentos e instituciones universitarias deben compartir la responsabilidad de la formación docente; (g) son necesarias una temprana identificación de los futuros docentes, una admisión selectiva y una eficaz política de orientación; (h) son necesarios cinco años para la formación inicial de los profesores; (i) una parte sustancial de los programas debe enfocarse en la formación general; (j) los profesores de todos los niveles no universitarios necesitan una especialización académica; y (k) los profesores de educación infantil y primaria necesitan una mayor formación pedagógica.

Todo el consenso anterior se realiza, además, bajo la premisa de que es necesario elevar el estatus de los profesionales de la educación.

1.2. Formación de profesionales como entrenamiento

La época post-sputnik que en 1957 sacude al mundo occidental con el convencimiento de la prevalencia científica de la sociedad soviética, es un período de amplias y fuertes críticas a la educación pública que es tachada de mediocre, más preocupada por los intereses individuales de los alumnos, que por lograr tasas altas y competitivas de rigor y excelencia en las naciones desarrolladas. Existe una percepción social generalizada de que los pedagogos no han sabido preparar a los profesores que necesitan las naciones y están convirtiendo a la escuela pública en un auténtico páramo educativo. Ello lleva a generar propuestas de reforma radical de los programas de formación del profesorado y de las exigencias para la certificación y selección y una reorientación de la política educativa. La propuesta es que los programas de formación inicial abandonen sus componentes pedagógicos que no añaden nada a la formación docente y los sustituyan por formación académica disciplinar.

A pesar de la atmósfera contraria y de las críticas feroces, nuevos programas de investigación sobre formación docente lograr reforzar su lugar en las universidades de la mano del fortalecimiento de la metodología de investigación empleada. Es el momento del auge de la investigación sobre profesores efectivos que intentan correlacionar el comportamiento docente con el rendimiento de sus alumnos. Se trata de la investigación proceso-producto cuya última intención, como señala Gage (1963) es desarrollar una base científica para el arte de la enseñanza. Esta línea de investigación se fortaleció con el incremento general de los fondos para investigación que llevó a la creación generalizada de Institutos de Ciencias de la Educación y Laboratorios de Formación del Profesorado en todos los países occidentales y a desarrollar programas de investigación tan prestigiosos como el de la Universidad de Stanford sobre la enseñanza efectiva.

Estas investigaciones están enlazadas con la llegada de la nueva tecnología en medios de comunicación que permitió el avance de los programas de micro-enseñanza y que más tarde, en los años 70, continuó con el primer movimiento de formación basada en competencias al hilo del auge de las ciencias comportamentales y de la psicología conductista. La investigación sobre formación del profesorado en todo este período ha estado centrada en la descripción y verificación de la validez de los métodos instructivos utilizados en los propios programas de formación del profesorado.

Con la investigación proceso-producto, la enseñanza ha sido considerada como una tarea de transmisión eminentemente técnica. El comportamiento del profesor era el punto de partida y el aprendizaje del alumno el objetivo del intercambio didáctico. Sobre esas premisas se asumía que la formación de los docentes era una tarea de transmisión eminentemente técnica y entrenamiento y comportamiento docente se han relacionado entre sí de manera que la formación es el elemento de partida y el comportamiento docente el objetivo del programa de formación.

Cuando la formación del profesorado ha sido conceptualizada como un problema de entrenamiento el objetivo de la investigación ha sido encontrar procedimientos de entrenamiento transferibles que tengan impacto sobre el comportamiento de los docentes. La investigación sobre formación del profesorado como entrenamiento creció usando la variable independiente del paradigma proceso-producto (el comportamiento del profesor que había mejorado el rendimiento de los alumnos) como variable dependiente de los nuevos diseños. A su vez, los procesos de entrenamiento se convierten en variables independientes. Las variables independiente más estudiadas fueron la micro-enseñanza, análisis de interacción, modificación de conducta, lecciones o demostraciones (como procedimientos específicos), y agrupaciones de los anteriores con o sin feed-back, con retroalimentación retardada o en otras condiciones. Pero lo cierto es que muy pocas de estas investigaciones establecieron correlaciones entre los procesos de entrenamiento y el rendimiento de los alumnos.

La conclusión generalizada de esta investigaciones es que es posible entrenar a los docentes para que desarrollen comportamientos más eficaces para mejorar el rendimiento de los alumnos en clase y que unos procedimientos de entrenamiento son más eficaces que otros.

La principal crítica a este cuerpo de investigación es que tanto en su propia conceptualización como en los diseños se separan artificiosamente comportamientos docentes y procedimientos para entrenarlos que no pueden explicar por sí solos (de manera separada) la función docente y su éxito en términos de mejora del rendimiento escolar.

En cualquier caso, la investigación sobre formación del profesorado centrada en el entrenamiento ha demostrado que los profesores pueden ser entrenados para desarrollar comportamientos hábiles y que algunos técnicas de entrenamiento son más efectivas que otras. Si asumimos que, además, la enseñanza es, al menos en parte, un actividad técnica, deberíamos admitir que el entrenamiento de ciertos comportamientos que permitan gestionar y organizar las actividades de clase, a partir de evidencias basadas en la investigación, provocaría eficacia en el sistema.

1.3. Formación y aprendizaje profesional

La formación como entrenamiento ha guiado los esfuerzos de investigación en formación del profesorado hasta bien entrados los años 80 cuando el foco se centra en el aprendizaje como elemento central de la formación docente. La crisis económicas de la década de los 70 originó una sensación de desconfianza hacia las políticas estatales en los países occidentales que afectó, nuevamente, a la percepción de la escuela pública. En Estados Unidos, la publicación en 1983 del informe "Una nación en riesgo: el imperativo para la reforma educativa" oficializa una ola de reformas educativas enfocadas en altos estándares para la escuela pública y para los programas de formación docente. Esta es la base política desde la que el grupo Task Force on Teaching as a Profession of the Carnegie Forum on Education and the Economy, reclama una profesión de profesores bien formados y capaces de asumir nuevos poderes y responsabilidades para rediseñar la escuela del futuro. Se trata, en suma, de un fuerte movimiento de profesionalización del colectivo docente.

En 1986, el Holmes Group en alianza con 100 universidades prestigiosas hace un llamamiento urgente a la reforma de la formación docente en una línea más rigurosa e intelectual, centrada en: la formación inicial en dos niveles (uno primero de formación generalista seguido de una formación profesional específica); establecer una carrera especial para los líderes pedagógicos en las escuelas; establecer una sistema de rigurosos estándares para la selección del profesorado; y la creación de las Escuelas de Desarrollo Profesional ligadas con Centros educativos no universitarios.

La agenda del Holmes Group se enfoca en el establecimiento del conocimiento profesional base para la docencia competente y el contenido y las estrategias para lograr una enseñanza más eficaz, y la creación de entornos para sostener y apoyar el aprendizaje, por parte de los futuros docentes, de ese conocimiento base. Informes posteriores han abundado en la idea de que la mejora escolar y la reforma de la formación del profesorado han de ir de la mano para tener éxito. La reforma debe comprometerse con la idea de que la sociedad necesita un fuerte colectivo profesional docente, animado por investigadores e instituciones formativas que trabajen para codificar el conocimiento profesional base y cambien los procesos de formación desde una perspectiva normativa a una perspectiva basada en los resultados de la investigación.

Durante los años 80, 90 y 2000, se produce una multitud de investigaciones que abordan cuestiones variadas, descansan en supuestos diversos, escogen diseños diferentes y se enfocan sobre la enseñanza, el aprendizaje y la escolarización. Lo común, en la mayoría de estas investigaciones, es que están relacionadas con el constructivismo, de manera paralela al auge de las ciencias cognitivas y la generalización de aproximaciones etnográficas al estudio de las aulas. En definitiva, muchas investigaciones se centran en descubrir los significados que construyen los profesores (y los alumnos) a la vida en las aulas, la organización de las clases, la participación de las familias y los contextos sociales. Parece que la pedagogía emerge como un intercambio social entre los participantes en los procesos educativos antes que como un proceso de transmisión de información entre profesores y alumnos. Este cambio que se produce en la investigación sobre la enseñanza tiene su reflejo en la investigación sobre formación del profesorado.

Es en este programa de investigación y en su concreción en España bajo el paradigma del Pensamiento del profesor, donde comenzó nuestra propia investigación en el ámbito (Fernández Cruz, 1995) hasta que encontramos un particular tópico de interés en el seno del campo que se reveló como prometedor y enfocó todo nuestro interés hasta la fecha (Fernández Cruz, 2010).

Lo cierto es que, en este período, se produce un cambio del foco de la investigación sobre entrenamiento al nuevo foco del aprendizaje, sin duda por los esfuerzos de Lanier, Shulman y los académicos de la Universidad de Wisconsin. Ellos impulsaron la investigación sobre procesamiento de la información en la enseñanza, conocimiento del profesor, pensamiento del profesor, planificación y toma de decisiones. Los programas específicos de investigación, principalmente en la Universidad de Míchigan, se centraron sobre conocimiento para la enseñanza y aprendizaje del profesor. Esta investigación sobre cómo los profesores aprenden a enseñar se ha mantenido durante la última década del siglo XX.

Cualquier revisión de la investigación en formación del profesorado durante este período nos advierte del cambio desde la búsqueda de los mejores métodos instructivos (en los que hay que entrenar a los docentes) a la investigación sobre creencias, actitudes y procesos cognitivos de los profesores, las fuentes de conocimiento y su uso. La formación del profesorado se concibe entonces más como un problema de aprendizaje profesional que como un problema de entrenamiento. Se trata de saber cómo los profesores aprenden el conocimiento base, las destrezas y las disposiciones que necesitan para enseñar, y cómo interpretan sus experiencias en los programas formativos, sus prácticas de enseñanza y otros contextos profesionales. Así, la orientación técnica es reemplazada por una orientación de carácter deliberativo.

Una de las principales implicaciones de esta nueva orientación es la pérdida de peso que adquieren los programas de formación inicial frente a los programas de formación permanente, pues se supone que conocimiento, creencias y actitudes pueden estar en continua reconstrucción durante toda la vida profesional. Otra implicación importante deviene del papel de la observación de los colegas o el trabajo colaborativo para operar cambios en conocimiento, creencias y actitudes. Una tercera implicación del cambio reside en la consideración de la enseñanza como un proceso global (que no puede parcializarse en comportamientos aislados) que tiene una dimensión dinámica, social y moral. Fruto de todo ello, es el uso que comienza a generalizarse del término "desarrollo profesional", que completa al más específico de "formación", para hacer referencia no sólo a los procesos de formación inicial, sino a todos los proceso de aprendizaje de la profesión a lo largo de la vida que se concretan en un mayor estado de desarrollo en la profesionalidad docente.

En el tercer handbook sobre investigación en enseñanza coordinado por Wittrock (1986), Lanier y Little (1986) entronizan el nuevo período de investigación sobre formación del profesorado conceptualizándolo como un ámbito más comprensivo e interdisiciplinar. Revisan los primeros estudios que avanzan en este línea y reconocen que hay una amplia variedad de vías desde las que abordar el problema del aprendizaje profesional docente.

Centrados en la premisa de que la formación del profesorado es un problema de aprendizaje, la investigación sobre formación del profesorado debe construir y explorar el conocimiento profesional base, codificar cómo y qué muestran los profesores de su conocimiento sino también cómo aprenden en las escuelas y en las múltiples condiciones y contextos en que ocurre el aprendizaje.

Abundando más en el programa de investigación, e influidos por la emergencia de las agendas de justicia social, los estudios han encarado otros tópicos complementarios como puedan ser: aprender a enseñar para la diversidad o para contextos sociales y culturales específicos no normalizados. De todo ello se da cuenta en el informe del panel de la AERA sobre investigación en formación del profesorado de Cochran-Smith y Zeichner (2005).

Una de las aportaciones principales de esta línea de investigación ha sido el descartar la relación lineal que parece exigirse entre programas formativos de los docentes y resultados de los escolares. El enfoque del aprendizaje profesional asume que las creencias y conocimientos, presiones y condiciones de las escuelas y los sistema educativos, median entre la preparación formal de los profesores y su práctica de enseñanza en las aulas particulares. Esta aportación es coherente con lo que hemos aprendido de la investigación en psicología cognitiva en las últimas décadas sobre el conocimiento humano. La aportación también es coherente con lo aprendido de la investigación antropológica y demás perspectivas interpretativas sobre la ecología de las aulas y el movimiento fluido del conocimiento en ellas. Desde todas estas visiones, la enseñanza y el aprendizaje tienen una dinámica interactiva con el contexto social y culturas de aulas y escuelas.

De toda esta revisión de investigación sobre formación del profesorado enfocada en el aprendizaje de la profesión, hay que destacar la advertencia que realiza Shulman (1986), en el sentido de que el paradigma perdido ha sido el de la investigación sobre cómo los profesores comprenden y usan el conocimiento de su materia. Shulman denuncia, además, que de las cuatro "Cs" que gobiernan el paradigma de investigación, tres de ellas están bien representadas en la mayoría de los estudios –contenido, cognición y contexto- y la última "C" permanece inédita: consecuencias (para los estudiantes).

1.4. Estudios de naturaleza económica y política

A finales de los 90, el aprendizaje profesional fue perdiendo peso como tópico de investigación en la formación y el desarrollo de los profesionales de la educación a favor de diferentes temas de política educativa. A partir de entonces, y cada vez más, el problema de la formación del profesorado se ha construido como una cuestión específicamente política y las prácticas formativas han tendido a garantizarse tanto por evidencias empíricas como por análisis de coste-beneficio. El fin de siglo trajo la globalización económica y de su mano, la necesidad de redefinir las agendas de competitividad regional, tanto en América como en Europa frente a Asia y los países emergentes, basando el crecimiento en la construcción de la sociedad del conocimiento. La construcción de conocimiento es una tarea primordialmente educativa y la cuestión clave que han manejado los estados ha sido ¿tenemos profesorado conveniente formado para impulsar el rendimiento educativo como pieza angular de la construcción de la nueva sociedad del conocimiento? Y esa cuestión se ha formulado en un momento en que las poblaciones escolares adquieren un perfil más mezclado que nunca, con una diversidad social, cultural y lingüística mayor, fruto del propio proceso de globalización de la economía mundial y los procesos migratorios que ha originado.

Los sistemas escolares se han visto sacudidos desde principios de siglo por una nueva oleada de reformas educativas basadas en la regulación a posteriori que la generalización de estándares internacionales sobre el rendimiento educativo ha provocado. Esta ola de reformas educativas ha sido fruto de la preocupación económica por el éxito educativo y esta preocupación económica ha calado en la formación del profesorado. Los programas de formación del profesorado han sido tildados de ineficaces por las siguientes principales razones: fallos en la acreditación y selección del profesorado; pobre inversión en el desarrollo profesional docente; y el mantenimiento de una estructura escolar más preocupada por evitar el fracaso que por lograr el éxito. Como solución a este estado de cosas se propone el incremento de la profesionalización docente y la generación de altos estándares para la enseñanza y para la formación docente a lo largo de su vida profesional.

Las críticas de la opinión pública a los docentes y a la formación docente se recogen en recortes de prensa de miles de artículos publicados en periódicos de información general en los que se extiende la idea de que los centros de formación del profesorado se nutren de una especie de investigación sobre tópicos de moda de naturaleza esotérica que no tiene consecuencias para nadie. Frente a ello se ha propuesto la evaluación de resultados y la rendición de cuentas, tanto para la enseñanza como para la formación docente, como vía de solución. En paralelo y desde posiciones más críticas (y conservadoras) fundaciones como la Fordham en Estados Unidos, aboga en su informe *"Mejores Profesores, Mejores Escuelas"* (Kanstoroom y Finn, 1999) por la desregulación de la formación docente, su liberalización y privatización, el abandono de la formación pedagógica y el establecimiento de mecanismos de selección de profesores entre los graduados universitarios mejor formados.

Los especialistas en formación docente han reaccionado desarrollando nuevos intentos de fortalecimiento de la investigación sobre formación del profesorado bajo la idea de lograr una autorización pública de los programas basados en evidencias empíricas. Para el desarrollo de estos nuevos programas de investigación parece haber un consenso en no abordar la formación del profesorado como un problema de entrenamiento o un problema de aprendizaje profesional, sino como un problema político (Darling-Hammond y Youngs, 2002). Eso no quiere decir que desaparezcan las líneas de investigación desarrolladas en las décadas pasadas con clara influencia comportamental o cognitiva, sino que aparece una nueva orientación que viene a sumarse y a fortalecer, sin duda, el amplio espectro de evidencias que necesita el panorama educativo.

Asumir el foco político requiere enfocar a gran escala un programa de nuevas prácticas y orientaciones políticas refrendadas por los resultados de la investigación que demuestran el impacto sobre los resultados demandados por los análisis de coste-beneficio. Esos resultados sólo pueden lograrse mediante estudios experimentales y correlacionales con sofisticados análisis estadísticos que permitan encontrar los parámetros de la formación docente que tienen un impacto positivo en el rendimiento escolar. Para el desarrollo de estas investigaciones, los especialistas en formación del profesorado no son los mejores preparados. Antes bien, son los propios economistas y analistas políticos quienes están capitalizando las acciones dentro de este programa de investigación, aislando muchas veces a los especialistas en el campo en acciones de investigación típicas de los programas anteriores, o bien aliándose con ellos de tal manera que comienza a emerger un nuevo tipo de investigación interdisciplinar que parece satisfacer mejor las demandas sociales.

El objetivo fundamental del programa de investigación de naturaleza política es demostrar que la formación del profesorado es o puede ser efectiva y eficaz. Cochran-Smith y Fries (2005) encuentran tres grupos de estudios bajo el paraguas común del enfoque político.

En el primer grupo se encuentran las investigaciones de Linda Darling-Hamond (Darling-Hamond y Youngs, 2002), sus colaboradores, y el resto de investigaciones realizadas bajo su autorización o supervisión, que se realizan bajo la agenda de la profesionalización y cuyos hallazgos enfatizan el valor del proceso de formación inicial y acreditación rigurosa de los docentes, para la mejora escolar. Darling-Hamond entiende dentro de la mejora escolar no sólo los resultados académicos de los alumnos medidos a través de test de "lápiz y papel", sino las actitudes eficaces de los docentes y las estrategias instructivas usadas en clase, medidas a través de observaciones e inventarios, como parte de la efectividad docente.

Un segundo grupo de investigaciones –bien representadas por las realizadas por los economistas Ballou y Poggursky (2000)- resaltan las evidencias empíricas existentes sobre de que la habilidad verbal y el dominio de la materia de enseñanza están en la base de la efectividad docente. Y denuncian la falta de evidencias de que los programas de formación inicial docente y la preparación de naturaleza pedagógica mejoren la efectividad y se correlacionen con el éxito escolar. Este tipo de investigaciones aparecen como respuesta a las investigaciones de Darling-Hamond y le recuerdan que sería más interesante tomar como variables independientes las características de los profesores, antes que las estructuras de los programas formativos.

El tercer grupo de investigaciones revisadas (Allen, 2003) concluye que aunque existen algunas evidencias de la relación entre una fuerte preparación profesional y un exigente sistema de acreditación y selección docente en el rendimiento escolar, también es cierto que para ciertas áreas y niveles educativos, las evidencias son demasiado débiles. Por ello defienden integrar como variable independiente de los estudios el propio "background" de los profesores. Se trata pues, de una postura integradora entre las dos anteriores.

Dos críticas debemos reconocer a este programa de investigación de enfoque político. La primera crítica se basa en el hecho de que los estudios son financiados desde instituciones que se sitúan en distintas agendas de formación docente y parece que las conclusiones que ofrecen vienen a reforzar los planteamientos políticos de esas agendas. No es que los resultados de la investigación permitan tomar decisiones políticas, sino que los resultados de la investigación vienen a refrendar las políticas ya tomadas. La segunda crítica se refiere al excesivo cuantitivismo de los diseños de investigación que reducen tanto los procesos de formación cuanto las características docentes y sus cualificaciones profesionales, a meras listas de indicadores, olvidando los aspectos sociales y culturales que afectan tanto a los procesos formativos docentes cuanto a la educación en las propias escuelas.

Nosotros también hemos sido seducidos por los análisis de carácter político y económico, y a ello hemos dedicado parte de nuestras publicaciones (Fernández Cruz, 2008, 2009, Fernández Cruz y otros, 2009), y cada vez desarrollamos más siendo, en la actualidad una preocupación preferente que caracteriza nuestra incursión, por ejemplo, en el tópico de la investigación en profesionalización de los docentes universitarios (Fernández Cruz y Romero, 2010).

1.5. Hacia un enfoque multidimensional

Construir la historia de la formación del profesorado y de la investigación sobre formación del profesorado a partir de tres enfoque diferentes, originados cada uno de ellos en escenarios políticos y sociales diferentes, referidos cada uno de ellos a momentos históricos distintos, no puede hacernos pensar que se trata de programas que se han sucedido el uno sobre el otro sobre la base de la anulación del anterior. Hemos querido mostrar las principales tendencias generadas en distintas épocas, pero lo cierto es que la investigación sobre la formación y el desarrollo de los profesionales de la educación presenta, hoy, un aspecto sumativo en la medida en que los esfuerzos rigurosos por encontrar evidencias de eficacia en los programas formativos y calidad en los docentes se vienen sumando y otorgan al ámbito un aspecto multidimensional. No podemos renunciar a ninguno de los enfoques de investigación sino que debemos valorar los esfuerzos que se realizan de uno y otro lado, por distintas comunidades de investigadores, para responder a distintas problemáticas sociales y sin olvidar las críticas y advertencias que desde unos programas se realizan a otros.

2. Nuevas orientaciones en la formación de los profesionales de la educación

En el análisis histórico hemos visto cómo los cambios sociales, políticos, económicos y educativos importantes han afectado a la orientación de las prácticas de formación y desarrollo de los profesionales de la educación y a los sucesivos enfoques de investigación sobre el ámbito. Algunos de los principales cambios ocurridos se refieren a los modelos demográficos y sus efectos en las políticas nacionales, el auge de la economía global y la posterior crisis económica y a la aparición de nuevos movimientos de política educativa. Entre estas nuevas orientaciones educativas se encuentra la emergencia de los estándares e informes comparados internacionales, los programas de evaluación, las políticas de privatización de los servicios públicos que afectan a los servicios educativos, la presión de los mercados sobre los sistemas educativos para generar nuevas reformas y la aparición del tópico del acceso a la calidad educativa como un derecho ciudadano.

2.1. Preocupación por la calidad

Parece que en este tiempo hubiéramos llegado a un acuerdo sobre el hecho de que la calidad del profesorado es un elemento esencial para los sistemas educativos pero aún estamos en desacuerdo sobre qué cosa es la calidad del profesorado y cuáles son las características docentes que están relacionadas con los resultados educativos deseables. La escena contemporánea parece marcada por las siguientes cinco principales tendencias: el incremento de la atención a la calidad docente; el cambio del perfil demográfico de la población infantil y la falta de criterios de reparto de la financiación educativa para hacer frente a la diversidad creciente; la crítica a los programas tradicionales de formación docente junto a la creciente presión por demostrar su impacto en el aprendizaje del alumnado; la multiplicidad de agendas para enfocar la reforma de los programas de formación inicial docente (agenda de profesionalización, agenda de regulación, agenda de desregulación y agenda de justicia social); y la discutida predominancia de las ciencias de la educación como presumible solución a los problemas educativos.

Por otra parte, existe consenso en considerar que la calidad del profesorado constituye una diferencia significativa en el aprendizaje del alumnado y la eficacia global de las escuelas. Tanto políticos como administradores e investigadores usan el término "calidad del profesorado" para referirse a la influencia crítica de los docentes en el aprendizaje del alumnado (Rose y Gallup, 2003). La creencia de que la exigencia de altos estándares educativos y la existencia de objetivos medibles al sistema, puede mejorar los resultados educativos individuales, llevó al Senado de los Estados Unidos a la aprobación de la propuesta *No Child Left Behind Act* bajo la cuál la calidad docente puede llegar a todo los escolares exigiendo una alta cualificación docente que pueden lograr mediante una alta cualificación de los programas de formación y desarrollo profesional. Sin embargo la propuesta no ha servido para definir de manera unívoca qué cosa es la calidad docente.

Para la comunidad científica el concepto de calidad docente se está haciendo operativo de dos maneras posibles: medida en términos del logro académico de su alumnado o medida en términos de cualificaciones profesionales alcanzadas por los propios docentes. Ambas maneras no son excluyentes pero, evidentemente, tampoco son similares. Para quiénes se sitúan en la primera aproximación al concepto, como Hanushek (2002, p.3) *"los buenos docentes son aquellos que mejoran el rendimiento académico de los alumnos en sus clases"* y los malos profesores los que consiguen lo contrario. Para Rivers y Sanders (2002) el buen profesor es el factor individual que proporciona valor añadido al aprendizaje de los estudiantes a partir de su rendimiento previo y considerando factores contextuales como el tamaño de la clase, el entorno cultural o el estatus socioeconómico. Ambas definiciones operativizan el concepto de calidad docente en términos de rendimiento del alumnado.

La segunda aproximación conceptual se refiere a las cualificación profesional del docente. Aún así se espera que esas cualificaciones profesionales influyan en la mejora del rendimiento del alumnado. Es decir, que los alumnos aprenden más con los profesores que poseen ciertas características: disposiciones, conocimientos, destrezas, competencias. El problema está en determinar y medir de manera clara cuáles son esas características que están en la base de la calidad docente, aunque cada vez hay más propuestas que se aventuran a ofrecer las claves de la calidad docente. Es el ejemplo de Kosnick y Beck (2009) quienes encuentran la clave del éxito en los siete principios necesarios para el éxito de los programas formativos: planificación correcta, evaluación formativa, esmero en la gestión de clase, fortalecimiento de la educación inclusiva, atención a la materia disciplinar y al conocimiento pedagógico, ayuda al proceso de identificación profesional y facilitación de una visión de la enseñanza.

Lo estudios de corte demográfico representan, también, una nueva orientación para la investigación en formación y desarrollo profesional docente. Se usa la expresión "imperativo demográfico" para hacer referencia a las distintas oportunidades de acceso a los recursos educativos que tiene el conjunto de la población escolar en función de sus diferencias culturales, étnicas, lingüísticas, socioeconómicas o de procedencia y/o radicación geográfica. En los países desarrollados puede considerarse, hoy, que casi el 40% de la población escolar pertenece a grupos demográficamente distintos a la mayoría que puede acceder sin dificultad alguna a la totalidad de los recursos educativos.

Aunque en menor medida, la población docente también está afectada por el imperativo demográfico. Pero, en cualquier caso, parece evidente que los profesores deben prepararse para enseñar tanto en grupos diversos como en contextos caracterizados por alguna de las desventajas demográficas posibles. Particularmente, para atender las diferencias generadas entre los centros urbanos, suburbanos y rurales.

De manera paralela al desarrollo de la cultura de los estándares educativos, ha ido creciendo la insatisfacción con los resultados de los programas tradicionales de formación del profesorado. Esta insatisfacción generalizada tiene un origen histórico reflejado en la falta de consenso en cuestiones esenciales acerca de la propia institución escolar y la función de la enseñanza. Las administraciones educativas tienen desconfianza sobre los procesos de certificación inicial de los docentes y reclaman cambios en la estructura curricular de los programas y su contenido académico, abandonando aquellos componentes curriculares que no están basados en evidencias científicas y exigen niveles más altos de certificación.

Todo ello representa una presión importante para los formadores de profesores y una demanda para que realicen una investigación de impacto sobre la validez de los programas de formación docente y su eficacia en la mejora del rendimiento académico del alumnado.

Si bien la inclusión de las Escuelas Normales en los sistemas universitarios nos llevó a hablar de una época (los años 80 y 90) de marginalidad de las ciencias de la educación dentro de las universidades y, por tanto, de la investigación científica, lo cierto es que en los últimos 20 años hemos visto que con el acceso de una nueva generación de docentes de Educación Superior a los estudios pedagógicos y de formación de profesorado, su sometimiento a las prácticas de evaluación y acreditación profesional normalizadas en el profesorado universitario y la necesidad de enfocar su crecimiento profesional a partir de la investigación científica sometida a la revisión de pares, las Ciencias de la Educación han comenzado a abandonar su situación de extrema marginalidad dentro de los ámbitos de investigación.

Es cierto que la investigación educativa ha tenido que dotarse de un cuerpo conceptual que ha nutrido de referencias formativas teóricas los programas de formación docente en detrimento de contenidos más ligados a destrezas profesionales y competencias, lo cierto es que el avance ha sido notable y es ahora cuando estamos en disposición de exigir a la investigación en Ciencias de la Educación que se arme del aparato metodológico que le permita establecer correlaciones y causales entre la formación y desarrollo de los profesionales y los resultados académicos del alumnado.

2.2. Perspectiva de sostenibilidad como tendencia

La sostenibilidad en formación y desarrollo profesional se revela como una de las principales tendencias educativas en los últimos años. El interés de traer al campo de la formación las nuevas tendencias de sostenibilidad que surgen en el ámbito del medio-ambiente y en el ámbito del crecimiento económico, no son ajenas al auge de los estudios de naturaleza económica y política en educación.

Nosotros, presentamos, resumimos y recreamos a partir de las propuestas de Hargreaves y Fink (2006) esta nueva tendencia que se basa en los siguientes principios:

(a) *Profundidad.* En formación y desarrollo debemos preservar, proteger y fomentar el propósito fundamental del aprendizaje profundo para el desarrollo de una profesión más allá de las evaluaciones inmediatas que no miden el impacto en la práctica.

(b) *Longitud.* El cambio y la mejora sostenibles en formación y desarrollo tienen una continuidad en el tiempo más allá de la sucesión de agentes y líderes formativos.

(c) *Anchura.* El cambio y la mejora sostenibles en formación y desarrollo requieren de un liderazgo que se encuentre distribuido en la institución tanto para conocer de forma precisa el grado y la forma del propio liderazgo que ya se está ejerciendo como para determinar, de manera intencionada, la forma y el grado que se puede alcanzar.

(d) *Justicia.* Las actividades formativas que producen desarrollo sostenible no causan ningún daño o perjuicio en instituciones, agentes ni participantes, y consiguen mejorar en un breve espacio de tiempo el ambiente más próximo; no tienen un sentido en sí mismas, sino que son socialmente justas.

(e) *Diversidad.* La formación y el desarrollo sostenible fomenta la diversidad cohesiva en la enseñanza y el aprendizaje a la vez que crea una red de conexiones entre sus componentes.

(f) *Recursos.* El cambio y la mejora formativos sostenibles incrementan los recursos materiales y humanos, nunca los reducen. Reconocen y premian el talento de las organizaciones desde su comienzo. Se preocupan de sus profesionales haciendo que éstos cuiden de sí mismos. Renuevan la energía de la gente. No agotan a sus profesionales agobiándolos con métodos innovadores o estableciendo fechas para el cambio y la mejora, poco realistas. El cambio y la mejora sostenibles se logran actuando con prudencia y disponiendo recursos suficientes; nunca malgastando los recursos y desgastando a las personas.

(g)*Conservación.* La formación y el desarrollo sostenible se apoya en el pasado y trata de conservar lo mejor de éste con el fin de crear una situación futura mejor.

Siendo esto así, la función de los modelos de formación y desarrollo es apoyar y proveer de recursos a las instituciones, fomentar la cohesión entre los diferentes esfuerzos llevados a cabo, proporcionar parámetros para alcanzar los objetivos y propiciar climas de urgencia, así como garantizar un seguimiento efectivo puesto en marcha con responsabilidad.

Por tanto, las políticas formativas y de desarrollo sostenible deben realizar las siguientes acciones de forma regular: (1) establecer una serie de parámetros con el fin de lograr diversos objetivos que sean adecuados para la economía y la sociedad; (2) proporcionar recursos destinados a facilitar las tareas durante el tiempo; (3) conseguir deshacerse de las responsabilidades burocráticas superfluas y ofrecer la posibilidad de mejorar el desarrollo profesional, así como ofrecer la oportunidad de retirarse, de forma que el personal del Centro pueda trabajar conjuntamente para convertirse en una comunidad profesional de aprendizaje más fuerte y consolidada; (4) favorecer el hecho de que aquellos profesionales que ejercen el liderazgo y los asesores puedan ayudar a las instituciones; (5) establecer sistemas técnicos y humanos para la gestión de los datos y de la información; (6) fomentar las investigaciones y los estudios con objetivos centrados en la colaboración que sirvan de itinerarios conducentes a la mejora educativa; (7) proporcionar mentores en los Centros y líderes retirados que actúen como mentores; (8) poner en marcha y mantener programas para identificar y formar a los líderes a través de sus carreras profesionales y desde los primeros meses del comienzo de su carrera docente; (9) garantizar planes de sucesión en los que aparecen reflejados el contexto idóneo para poder ejercer el liderazgo; (10) desarrollar indicadores múltiples de responsabilidad para aplicarlos de forma colectiva; (11) economizar los recursos poniendo en marcha una serie de medidas estandarizadas que sean evaluadas por profesionales externos; (12) redistribuir los recursos importantes, pasando de sistemas mecánicos que se apoyan en la puesta en marcha de medidas estandarizadas a sistemas de aprendizaje y mejora entre los que existen conexiones y gracias a los cuales los centros contribuyen a la mejora de la formación y el desarrollo; (13) fomentar iniciativas dirigidas a la formación pedagógica en aquellas áreas en las que el sistema formativo no se muestra todavía demasiado fuerte con el fin de difundir el amplio abanico de posibilidades y garantizar que dichas áreas comparten la excelencia educativa; (14) revisar las políticas educativas anteriores, así como las experiencias surgidas a raíz del cambio antes de embarcarse en nuevas propuestas de cambio.

Esta es, en definitiva, la síntesis de la perspectiva sostenible que plantean Hargreaves y Fink (2006) y que nosotros completamos con las siguientes del enfoque profundo y la aproximación (auto)biográfico-narrativa para centrar el escenario social y epistemológico de nuestra propuesta de formación y desarrollo para los profesionales de la educación.

2.3. Enfoque profundo

Convencido, como nosotros, de que las situaciones humanas se forman y transforman en palabras y relatos más que en categorías y clasificaciones, Tochon (2010) ha desarrollado su concepto de enfoque profundo de los procesos educativos que nosotros aplicamos al ámbito de la formación y el desarrollo, para poner el énfasis en la necesidad de superar una visión reduccionista de la formación y abrirla a la complejidad de las situaciones personales y las interacciones sociales que permite la versatilidad de los relatos. Así, la aplicación del enfoque profundo a la formación y el desarrollo debe permitir:

(a) Adoptar una dimensión filosófica eco-cultural, basada en proyectos, donde los profesionales se integran voluntariamente para perseguir metas libremente elegidas y motivadas por la mejora de su desempeño profesional, tal y como ellos lo conciben.

(b) Adoptar una dimensión práctica para la que la acción formativa no se centra en la teoría o en la transmisión de conocimientos, sino más bien en la solución de los problemas del día a día.

(c) Admitir que el enfoque es temático y de abajo hacia arriba, Admitiendo, además, que los temas son elegidos por los profesionales en formación conforme avanzan en su proceso de desarrollo para encarar su particular desempeño en la condiciones singulares en que éste ocurre.

(d) Avanzar desde el supuesto de que no existe una determinada estrategia de intervención profesional que sea moralmente superior a cualquier otra, pues lo que se pone en cuestión en los procesos educativos es la relación entre las personas interesadas y, a lo sumo, de lo que se puede hablar es de desempeño profesional honesto y eficaz para las personas afectadas en contextos determinados.

(e) Reconocer que la formación y el desarrollo se organizan bajo los principios de la elaboración de relatos, la interpelación y el ejercicio de conversaciones significativas moderadas por facilitadores conocedores del contexto. Los relatos, interpelaciones y conversaciones se refieren a casos de la vida real y la práctica profesional.

(f) Estimular a los participantes para que puedan realizar una indagación de corte reflexivo sobre sus propias acciones.

(g) Lograr que la formación sea profunda y el desarrollo duradero, provocando que los participantes se impliquen en actividades que los conmueven a nivel emocional, físico, moral y cognitivo.

(h) Incluir evaluaciones formativas periódicas destinadas a mejorar la pertinencia de los procesos y satisfacer mejor las necesidades de los profesionales.

Desde la perspectiva de (Ulrich, 2000), la "profunda profesionalidad" se caracteriza por la responsabilidad, pues permite al profesional hacer frente a las consecuencias que se derivan de su actuación, en la medida en que se ha confrontado con su personal visión del desempeño y sus dimensiones cognitiva, social, moral y ética. Por tanto, el enfoque lo sitúa en una situación de emancipación superadora de la otra situación, más frecuente, de incapacidad y dependencia en la acción profesional, de las que de deriva la falta de responsabilidad social.

La esencia del enfoque profundo en formación y desarrollo profesional, estriba en la capacidad del modelo para la realización de buenas prácticas y para establecer condiciones de transferencia de las mismas.

El estudio de buenas prácticas educativas y el problema de su transferencia están en el primer plano de los esfuerzos por la mejora de la educación. Benavente y Panchaud (2008) analizan las condiciones mínimas necesarias para que una buena práctica tenga transferencia y efecto en las políticas educativas. En su estudio, las autoras se plantean cuestiones como las siguientes: ¿Cómo se puede aprender de las buenas prácticas? ¿cómo su transferencia puede convertirse en la fortalezas de los planes de mejora de las organizaciones educativas y de los resultados académicos? ¿bajo qué condiciones? ¿pueden realmente las buenas prácticas influenciar las políticas educativas a niveles administrativo y pedagógico? Y un problema central de las prácticas docentes es su disposición en formatos en los que puedan ser codificadas, reconocidas, revisadas, difundidas y, posteriormente, transferidas.

Pero este problema de la cadena de codificación-reconocimiento-revisión-difusión y transferencia, ya había sido abordado (si bien es cierto que desde otros intereses de investigación) desde aquellos estudios sobre la metáfora del profesor como constructor del currículum de los años 90 en los que se trataba de encontrar el eslabón perdido de la cadena que ensambla investigación educativa con mejora de la enseñanza. Un problema este de la difusión del conocimiento derivado de la investigación educativa y su uso en la práctica para la mejora de la enseñanza que se ha tratado de resolver por varias vías conscientes de que el sólo incremento en cantidad y la mejora de la calidad de los canales posibles de difusión no han resuelto el problema. Por otra parte, la mayoría de las experiencias de incorporación del profesorado a redes colaborativas de investigación integradas tanto por personal especializado como por el propio profesorado en ejercicio, han abierto una buena vía de eficacia en la transferencia a la práctica del conocimiento generado en la investigación, pero ello no ha sido suficiente. El problema, entonces, podría no residir en la dificultad para la transferencia de conocimiento sobre la enseñanza, sino en la separación que existe entre pensamiento práctico y pensamiento formal o superior, que la tradición acumulada en formación del profesorado y en el desarrollo del currículum han venido manteniendo.

Por tanto, abogar por una nuevo escenario de profesionalización educativa en torno a la capacitación para la construcción del currículum supone admitir que el profesional no debe renunciar a mantener un conocimiento de orden superior sobre su actividad profesional, y que, por tanto, la indagación sobre su práctica es una vía eficaz de construcción de ese conocimiento de orden superior que llega a situarlo en una posición privilegiada para ser el artífice de la mejora de su enseñanza. Se trata de defender un concepto más global de la profesionalidad docente que incluye el dominio de una competencias reflexiva para la enseñanza relacionadas con destrezas de reflexión, indagación, autoevaluación, observación sistemática, simulación y colaboración para la mejora de la práctica, frente a otra visión técnica, dominante, y ciertamente más limitada, centrada de manera exclusiva en el dominio de competencias para la intervención.

Si el foco de la profesionalización docente se amplía desde el conocimiento para la intervención, de carácter práctico, al conocimiento para el análisis de la intervención, de orden superior, entonces sí es posible que la formación del profesorado adopte como eje vertebrador el propio desarrollo del currículum en la escuela facilitando que los profesores se apropien de los elementos teóricos necesarios para construir provisionalmente y reconstruir de manera deliberativa el currículum, experimentando alternativas de mejora y analizando sus efectos en la práctica. Como ámbito de profesionalización, el desarrollo curricular requiere la reorientación -contextualizada, flexible, dinámica- de los supuestos básicos que animan el currículum —de carácter pedagógico, psicológico, epistemológico y social- en prácticas de enseñanza que, siendo coherentes con los objetivos educativos generales se concreten de manera reflexiva en las mejores propuestas de acción posibles en cada momento y en cada contexto.

La consideración del profesor como profesional, como persona y como adulto, hace que su formación de cara al desarrollo profesional sea entendida como un recurso personal a partir de su experiencia docente, por el que es capaz de seguir un proceso de apropiación e integración de esta experiencia, de su saber práctico, de los elementos del contexto institucional en el que se desarrolla y de su universo de significados, de forma coherente con su historia de vida y como proyección de su mejora. Nuestra tesis es que los relatos sobre la escuela y los profesores son imágenes narrativas de las relaciones de enseñanza-aprendizaje que actúan como plataformas privilegiadas para facilitar a los docentes la comprensión de las situaciones de clase a la par que desvelan esa comprensión a quienes tienen acceso al relato. Para ellos, el currículum no es otra cosa sino la experiencia vivida en el aula y la reconstrucción narrativa de esa experiencia, esto es, el relato. El poder cognitivo de la narrativización confiere a los relatos una fuerza tal que los sitúa en un lugar intermedio de elaboración entre el conocimiento práctico personal y aquel otro conocimiento de orden superior que le confiere estatus de profesionalidad a la actividad docente.

Por otra parte, los estudios sobre conocimiento profesional y habilidades para la enseñanza del profesorado han permitido generalizar una serie de tópicos que afectan a la misma estructura conceptual de la profesión docente. Las evidencias no permiten mantener una idea de la profesionalidad estable a lo largo del tiempo. Se constata la idea de que la formación inicial no concluye con el objetivo de haber enseñado las herramientas básicas de la profesión, sino que éstas se adquieren durante el ejercicio de la enseñanza en el contexto de la práctica. Los esquemas de actuación profesional no aparecen de la nada con el inicio de la enseñanza, sino que se van conformando a través de las experiencias preformativas y de formación inicial y está afectado por un proceso de socialización docente entendido como condicionamiento social de los esquemas de actuación profesional. La (re)construcción de los esquemas de actuación profesional es un proceso situacional en el que la interpretación de cada situación singular, a la luz de los esquemas de actuación conformados de manera previa, origina nuevos modos de actuación válidos en el contexto práctico de referencia. El modelo de desarrollo podría seguir un ciclo en el que comprensión, interpretación, enseñanza, evaluación, reflexión y nueva comprensión, son los procesos cognitivos que permiten emerger una nueva estructura de conocimiento acomodada a los condicionantes sociales de la práctica que incluye aspectos "objetivos" -fines inmediatos, metas a largo plazo, valores contextualmente relevantes, responsabilidad social- y aspectos "subjetivos" de la identidad docente –autopercepción, necesidad de aceptación en el colectivo, necesidad de éxito con al alumnado, seguridad, etc.-. De esta manera el nuevo esquema de actuación sustituye al anterior .

3. Aproximación (auto)biográfico-narrativa como modelo de calidad, sostenible y profundo

La aproximación (auto)biográfico-narrativa, que hemos descrito ampliamente en diversas publicaciones, se nos ha revelado como un enfoque que permite aunar las nuevas tendencias de calidad, sostenibilidad y profundidad de la formación y el desarrollo de los profesionales de la educación.

3.1. Profundidad y legitimidad

Recientemente hemos planteado (Fernández Cruz, 2010) cinco cuestiones que actúan de organizadoras del enfoque y que de una manera u otra han estado presentes en la mayoría de los estudios de revisión del método biográfico (Roberts, 2002; Miller, 2005): (1) ¿cuál es el estado de desarrollo de la investigación sobre formación docente y qué puede aportar el enfoque biográfico? (2) ¿resulta útil y legítimo acceder de manera introspectiva a la vida de los docentes? (3) ¿la casuística personal que se enfatiza desde la aproximación biográfico-narrativa ayuda o entorpece los procesos de profesionalización de la comunidad docente? (4) ¿la comprensión de las motivaciones profesionales de los profesionales de la educación aporta criterios para reenfocar las políticas educativas? (5) ¿los relatos de la experiencia son un soporte adecuado para la transferencia de buenas prácticas docentes? (6) ¿cuáles son los retos inmediatos del enfoque?

La primera de ellas representa una cuestión previa cuya respuesta debe justificar y situar el empleo de la aproximación (auto)biográfico-narrativa. La segunda de las cuestiones planteadas puede considerarse "clásica" en la discusión, argumentación y construcción conceptual de la aproximación (auto)biográfico-narrativa sobre la que no esperamos alcanzar una respuesta nítida y definitiva, a pesar de lo cuál nos parece oportuno iniciar la reflexión sobre el enfoque aportando la visión que hemos generado en estos veinte años de experiencia. Las dos cuestiones siguientes aluden igualmente a aspectos centrales de discusión siempre latente entre quienes usamos el enfoque y lo revisamos de manera crítica. El adecuado encaje entre lo individual y lo colectivo, el interés personal y el interés comunitario, lo particular y lo social, estarán detrás de las respuestas que seamos capaces de ofrecer. La reflexión sobre la quinta cuestión nos obliga a centrar el debate sobre el uso de la aproximación más allá del mero ejercicio intelectual para conectarla a los usos y bondades que pueda tener para la mejora de la educación. La discusión sobre la cuestión final nos debe llevar a sugerir una agenda de desarrollo de la aproximación (auto)biográfico-narrativa en el espacio específico de la formación y el desarrollo de los profesionales de la educación.

El enfoque biográfico del desarrollo profesional docente intentó aunar el aparato conceptual propuesto del método biográfico con el interés por los estudios sobre la vida profesional de los docentes que fue tomando fuerza dentro del ámbito de la sociología y ha sido aprovechado por los estudiosos de la didáctica.

El problema de la intromisión en la vida privada de los docentes está servido desde el principio. Y el problema moral de está intromisión está ligado también, desde el origen, al uso y la legitimidad del enfoque biográfico cuando ha sido ampliamente conectado a los estudios sobre gestión del cambio escolar. Agrupamos en tres bloques aquellas cuestiones que deben ser respondidas desde la investigación sobre la vida profesional docente: (a) *Cuestiones de contenido* ¿Cuáles son los aspectos centrales del conocimiento docente interpretados en la presente etapa de su vida profesional y personal y en el actual contexto? ¿Qué formas toman? ¿Cuáles son los elementos principales del contexto personal y profesional actual del docente? ¿Cuáles son los elementos principales de la vida profesional y personal pasada del docente que son relevantes para su conocimiento profesional?; (b) *Cuestiones de formación* ¿Cómo interactúan entre sí los elementos del contexto actual modelando el conocimiento del docente y sus expresiones? ¿Cuáles son las mayores fuentes de influencia en el conocimiento docente de la experiencia pasada? ¿Cómo los elementos del pasado son percibidos por el docente e influyen en la formación de su conocimiento profesional? ¿Cómo son narrados los antecedentes de la situación actual? ¿Cuáles son los episodios cruciales de la vida, en qué nuevas líneas de actividad se han basado y qué nuevos aspectos de sí mismo han sido aportados? ¿Cómo y por qué?; y (c) *Cuestiones relativas al contexto* ¿Qué interacciones con el contexto son problemáticas? ¿Cómo es la vida de un docente con ellas? ¿Qué interacciones contienen problemas que requieren una continua resolución? ¿Estas son de naturaleza dialógica o dialéctica? ¿En qué interacciones hay un significativo grado de congruencia entre persona y contexto?

Entendidos tal y como lo hicieron ellos, los problemas de contenido de la aproximación (auto)biográfico-narrativa, de la formación y del contexto, ofrecen suficientes pistas sobre la utilidad del enfoque. De hecho, la investigación acumulada en los últimos veinte años ha ido ofreciendo respuestas —nunca generales sino contextualizadas, nunca definitivas sino provisionales- a bastantes de las preguntas formuladas. Nosotros hemos querido con nuestra investigación ofrecer respuestas a algunas de las preguntas planteadas y hemos considerado útiles los resultados obtenidos y difundidos. Aún así, siempre nos quedó la duda de la legitimidad de determinadas prácticas de investigación biográfica que de ningún modo pueden ser defendidas por su utilidad. Y ello a pesar de habernos conducido siempre bajo el imperio de los tres principios éticos de procedimiento prescritos para la elaboración de las historias de vida:

el principio de respeto a la autonomía personal; el principio de confidencialidad; y el principio de justicia.

La mejora de la enseñanza como orientación última de la investigación educativa no legitima, por sí sola, el uso del enfoque biográfico. La legitimidad del enfoque hay que buscarla pues, en la consideración específica y contextualizada de los intereses concretos del docente que ofrece evidencias de su vida profesional –y personal, por tanto– como una primera fuente de autorización. La legitimidad total se alcanza cuando el enfoque se asienta en el plano de conexión entre el interés profesional particular y el interés profesional común de la mejora de la enseñanza. Entendiendo que no son campos coincidentes sí que esperamos que tengan un buen espacio de intersección en el que investigador y docente puedan moverse de manera cómoda usando la aproximación biográfica para ofrecer conocimiento útil para el individuo y para el colectivo.

Por otra parte, los estudios sobre conocimiento profesional y habilidades para la enseñanza del profesorado han permitido generalizar una serie de tópicos que afectan a la misma estructura conceptual de la profesión docente. Las evidencias no permiten mantener una idea de la profesionalidad estable a lo largo del tiempo. Se constata la idea de que la formación inicial no concluye con el objetivo de haber enseñado las herramientas básicas de la profesión, sino que éstas se adquieren durante el ejercicio de la enseñanza en el contexto de la práctica. Los esquemas de actuación profesional no aparecen de la nada con el inicio de la enseñanza, sino que se van conformando a través de las experiencias preformativas y de formación inicial y está afectado por un proceso de socialización docente entendido como condicionamiento social de los esquemas de actuación profesional. La (re)construcción de los esquemas de actuación profesional es un proceso situacional en el que la interpretación de cada situación singular, a la luz de los esquemas de actuación conformados de manera previa, origina nuevos modos de actuación válidos en el contexto práctico de referencia. El modelo de desarrollo podría seguir un ciclo en el que comprensión, interpretación, enseñanza, evaluación, reflexión y nueva comprensión, son los procesos cognitivos que permiten emerger una nueva estructura de conocimiento acomodada a los condicionantes sociales de la práctica que incluye aspectos "objetivos" -fines inmediatos, metas a largo plazo, valores contextualmente relevantes, responsabilidad social- y aspectos "subjetivos" de la identidad docente –autopercepción, necesidad de aceptación en el colectivo, necesidad de éxito con al alumnado, seguridad, etc.-. De esta manera el nuevo esquema de actuación sustituye al anterior.

3.2. Fundamentación y supuestos

La fundamentación de la aproximación enlaza con la autoetnografía pues aunque se centra de manera preferente en la producción narrativa sobre la experiencia profesional como técnica esencial, alude a sus focos relevantes como señalan Hughes, Pennintgton, y Makris (2012):

(a) La autobiografía permite reformular problemas sociales relevantes como el que alude a los significados que les otorgan las personas a los acontecimientos que pueden influir en la formulación de problemas formativos, o cómo evoluciona con el tiempo la visión de un problema o fenómeno de interés; o cómo las múltiples normas cualitativas pueden apoyar o constreñir las oportunidades para articular y reformular la raíz de los problemas como la distribución de recursos o los símbolos y el lenguaje de los discursos formativos, o cómo aspectos de la formulación de problemas en investigación permite a los investigadores especificar y familiarizarse con las circunstancias de un contexto determinado.

(b) La autobiografía facilita discusiones fundamentadas y elaboración de críticas a partir de las evidencias mostradas o de la técnica o técnicas usadas.

(c) La autobiografía ofrece múltiples niveles de análisis crítico, incluyendo la autocrítica, el señalamiento de privilegios o sanciones, y permite la selección de esquemas y clasificaciones de unidades para el análisis.

(d) La autobiografía proporciona oportunidades para el análisis y la interpretación creíble de evidencias desde las narrativas y se conecta con la investigación de el sí mismo y, por supuesto, del sí mismo profesional.

En definitiva la autobiografía enlaza con la historia epistemológica y metodológica de la investigación interpretativa como acto político, socialmente justo y socialmente consciente en el que tanto un investigador como un formador o un sujeto destinatario y protagonista de la (ato)formación usa principios de la narrativa para hacer y escribir relatos como método y como producto.

Los supuestos básicos en que descansa la aproximación son los siguientes (Fernández Cruz, 2006):

(1) Desde su formación inicial y a lo largo de toda su carrera profesional, se producen cambios en el conocimiento y la identidad de los profesionales que no sólo aparecen como respuesta a incidentes críticos en la esfera de su vida personal, estrictamente privada, o de su vida profesional, en la que confluyen los intereses privados y públicos, sino que, además, ocurren cambios que son fruto de la experiencia, del efecto acumulado de acciones formativas y del propio desarrollo evolutivo, o de todo ello integrado en su conjunto. Podemos llamarlos cambios debidos a la madurez progresiva.

(2) Los cambios en la madurez afectan a los profesionales con quiénes se interacciona habitualmente y con quienes se comparte un nicho profesional, en un efecto recíproco, de tal manera que podemos suponer que existe una dimensión social del cambio madurativo que nos permite comprender el por qué los profesionales que trabajan juntos generan, también juntos, un lenguaje propio y un código cultural de interpretación de los fines profesionales, la validez de las prácticas, los procesos de interacción con el público y el resto de procesos relevantes para el ejercicio de la profesión.

(3) En tercer lugar, cabe hablar de una dimensión universal del cambio, promovida por la apropiación personal de los aconteceres históricos que afectan al colectivo profesional y los avances sociales interpretados desde las claves propias del ciclo vital en el que se está instalado y que nos permiten establecer fases comunes en el desarrollo profesional que afectan de manera universal-generacional a las sucesivas cohortes de profesionales de los diferentes colectivos.

Basados en estos supuestos básicos que informan de una dimensión individual, una dimensión social y una dimensión universal-generacional del crecimiento y la madurez profesional, la aproximación (auto)biográfica-narrativa se nos revela como uno de los más aconsejables para la intervención en la formación y el desarrollo continuo de los profesionales.

3.3. Retos inmediatos

La agenda de desarrollo de la aproximación (auto)biográfico-narrativa para la formación y el desarrollo de los profesionales de la educación debe permitir argumentar y alimentar un nuevo discurso que no reduzca los hallazgos de la investigación a una clase de conocimiento académico subsidiario de los avances del aprendizaje profesional por competencias – y esa puede ser la tendencia-. Frente a eso, debemos asumir la complejidad de los procesos de profesionalización como un problema educativo que requiere una agenda propia y autónoma de investigación y de buenas prácticas, y que el enfoque biográfico nos brinda posibilidades que complementando otros modelos de investigación, deben facilitar tareas centrales para la construcción del ámbito de estudio como las que hemos discutido aquí y hemos argumentado recientemente (Fernández Cruz, 2007):

a) Se hace necesario seguir avanzando en la investigación sobre los procesos de identificación profesional, tanto en los aspectos más individuales de la identificación como en los aspectos colectivos.

b) Debemos generar modelos más potentes de evaluación de la profesionalización que garanticen el control social del servicio público educativo a través de la mejora de los procesos de formación y desarrollo profesional docente.

c) Coleccionar y difundir ejemplos de buenas prácticas formativas profundizando en los mecanismos de innovación, de adopción, contextualización e interiorización de propuestas externas.

d) Será clave acuñar un lenguaje didáctico que como vehículo de comunicación profesional de la comunidad docente ayude a la transferencia de las buenas prácticas.

e) Borrar fronteras entre el discurso de la Educación Superior y la práctica de la formación de profesionales, transfiriendo a la Universidad todo el conocimiento y los modelos formativos eficaces acumulados en la formación profesional.

f) Con el enfoque biográfico deberemos seguir estudiando las condiciones socio- laborales de ejercicio de la docencia en todos los ámbitos, niveles, materias y contextos.

g) Mejorar los lazos con el tejido social, cultural e institucional que usará el conocimiento disponible que genere la investigación.

Tras veinte años de experiencia en el uso de la aproximación con acercamientos de carácter especulativo en la mayoría de ocasiones, se nos abre ahora la nueva etapa de urdir prácticas duales de investigación/intervención que faciliten la mejora de la enseñanza desde el ángulo preferente de la mejora de la formación y el desarrollo de los profesionales.

La aproximación (auto)biográfico-narrativa nos facilita un método de diagnóstico eficaz de situaciones personales comprendidas en su contextos socioprofesionales que pueden llegar a ser ilustradoras de comportamientos colectivos y maneras de entender e implicarse con la profesión docente. Todos los datos que orientan la ejecución de los objetivos políticos marcados surgen de las evaluaciones periódicas de carácter estadístico que a través de informes comparados realizan las agencias internacionales. Pero es evidente que estos informes carecen del cariz iluminador necesario para comprender cuál será la interacción de los docentes con las medidas aplicadas, su grado de conformidad con ellas y su aceptación y colaboración, su grado de interiorización y apropiación cultural.

No sólo como método de diagnóstico, sino que también la aproximación (auto)biográfico- narrativa (y tenemos experiencia de ello) se convierte en un método eficaz de intervención formativa pues tiene la capacidad de revelar por los propios actores y para los propios actores los núcleos esenciales de la formación basada en la experiencia, de la constitución del conocimiento docente, de la objetivación de la práctica personal y de su contribución a la consolidación de un conocimiento profesional colectivo que es el que se demanda desde la investigación en formación del profesorado y desde la orientación de los agentes políticos.

* * *

Lo que hemos aprendido

1 Para avanzar en el conocimiento del desarrollo profesional profundo será necesario integrar los hallazgos de los programas más efectivos: estudios sobre entrenamiento, estudios sobre formación y aprendizaje profesional y estudios de naturaleza económica y política. El desarrollo profesional profundo necesita un enfoque multidimensional.

2 Los estudios sobre entrenamiento nos han permitido acumular buenas prácticas en la formación de competencias docentes que tenemos que decantar, refinar y extenderlas en todos los programas formativos.

3 Los estudios sobre aprendizaje profesional nos han permitido conocer cómo se desarrolla la red cognitiva que soporta el conocimiento profesional educativo. De hecho, los programas experimentales en que hemos practicado principios formativos de carácter constructivo se han mostrado eficaces.

4 Los estudios que nos permiten relacionar la eficacia profesional con la mejora del rendimiento educativo nos ofrecen argumentos para fortalecer la defensa de una sólida formación pedagógica para los profesionales de la educación.

5 La calidad de los profesionales es un factor clave de la calidad de los sistemas formativos.

6 Para ser eficaces, los programas formativos han de ser sostenibles con un consumo comedido de recursos económicos y esfuerzos humanos, así como perdurables en el tiempo sin necesidad de mantenimiento de apoyos externos.

7 El enfoque profundo es voluntario, práctico, idiosincrásico, honesto, narrativo, reflexivo, duradero y pertinente. Conmueve emocionalmente a los participantes y logra el compromiso educativo entre el educador y el educando.

8 La aproximación (auto)biográfico-narrativa, como método de investigación y de intervención, se nos ha revelado como un enfoque que permite aunar las nuevas tendencias de calidad, sostenibilidad y profundidad de la formación y el desarrollo de los profesionales de la educación.

Cuestiones prácticas

1 Realiza una entrevista sobre su trayectoria de vida a un formador, docente o educador de tu zona. La entrevista puede tener una duración de 60 a 90 minutos. Grábala en audio. Intenta hacer un biograma de su vida profesional o profesiograma. Señala los episodios más relevantes de su trayectoria. Puedes comparar varios profesiogramas en un biograma múltiple.

2 Como ejercicio de instrospección, realiza el biograma de tu propia vida profesional. Tras señalar los episodios relevantes, redacta un comentario breve explicativo de cada uno de ellos. Se trata de reflexionar sobre hitos de tu propia historia. Compara en grupo tu biograma con el biograma de otros compañeros y contesta a las preguntas ¿qué semejanzas encuentras en los episodios significativos relevantes? ¿pueden señalarse elementos comunes? Considera si este análisis puede servir para encontrar necesidades formativas y vías de desarrollo particulares y colectivas.

Cuestiones de indagación

1 Realiza un breve análisis histórico de la formación de profesionales de la educación en tu país o región. Es evidente que tienes que partir de los estudios sobre formación de docentes de los niveles básicos. Intenta encontrar referencias sobre modelos y prácticas de formación de otros educadores. Revisa programas de formación de docentes universitarios. Señala cuáles son los principales retos y tendencias para un futuro inmediato. Destaca los principales estudios que se han realizado sobre formación de profesionales de la educación en un país o región.

2 Revisa los datos del informe PISA para tu país o región. Intenta relacionar datos de rendimiento escolar con datos relativos al profesorado, como puedan ser número de alumnos por profesor, densidad y nivel de la formación docente, u otros. Relaciona los datos entre rendimiento escolar y gasto educativo en función del producto interior bruto y la renta per cápita armonizada. ¿Obtienes alguna conclusión? Analiza la evolución de los datos en los sucesivos informes PISA.

CAPÍTULO 2

Profesionalidad profunda

1. Profesionalización educativa

Paseando absorto entre los grabados de Picasso que se exponen en Granada, alguien llama mi atención tocándome levemente el hombro. Me vuelvo en redondo y me encuentro con un hombre joven sonriente al que no identifico y que en seguida me dice: -"Disculpe profesor, quizás no se acuerde de mi pero yo sí de Vd. Fui alumno suyo de Pedagogía hace unos diez años y al verlo en la exposición he recordado aquello que nos decía en sus clases, de que la mayor satisfacción para un docente es encontrarse al cabo del tiempo a un antiguo alumno y que éste lo salude y le diga que lo recuerda con cariño, que le va bien en la vida, que aquellas clases no están del todo olvidadas y que le agradece la dedicación personal que le dio en su momento". Sonrío, le estrecho la mano y me intereso por su situación actual. Conversamos unos minutos y nos despedimos con cordialidad. La sonrisa que permanece en mi rostro, ya me acompaña hasta el final de mi recorrido por la genialidad del pintor andaluz.

Tras 30 años de dedicación a la formación y a la docencia, más de 20 en la Universidad, sigue cumpliéndose en mí, aquello que digo en las clases de que la mayor satisfacción del formador sólo puede venir de la relación con sus alumnos. Y que la mayor recompensa a los esfuerzos realizados en el ejercicio profesional es saber que, más allá de los contenidos del programa impartido, yo he tenido alguna responsabilidad en que mi alumno sea un buen pedagogo que se encuentra a gusto con su trabajo. Más que eso, que mi alumno sea una buena persona.

A esa visión de la formación, que traspasa el tiempo, que supera los objetivos y contenidos programados y que se centra en la relación personal que es la educación y en el futuro del alumno como fin esencial, es lo que llamo compromiso educativo. En este capítulo, tras revisar las características ocupacionales de la profesión educativa, me voy a centrar en el concepto de profesionalidad profunda y sus rasgos definitorios: compromiso educativo con el alumno, dominio didáctico de la materia formativa, reflexividad y colegialidad.

1.1. Criterios de profesionalización

La profesionalización en cuanto objeto de estudio de la formación y el desarrollo de los profesionales de la educación se ha abordado, frecuentemente, de una manera comparada con las profesiones liberales clásicas y bajo la atención a su status y prestigio social, y su autonomía o dependencia en la regulación de la tarea profesional para decidir si alcanza el estatus de profesión o debe quedar relegada al campo de las semiprofesiones, en un debate que no ha producido ningún logro efectivo para la caracterización de la tarea profesional en el sector educativo – entre otras cosas porque la comparación con las profesionales liberales, principalmente leyes y medicina, pierde su fuerza en el contexto europeo en el que incluso estas profesiones se ejercen, generalmente, bajo el fuerte control del estado que afecta a la función pública-. Aún así, el valor penetrante de la profesionalidad como imagen para comprender tanto lo específico de la educación, como la mejora de su calidad, sí que nos mueve a introducirnos en el estudio de su caracterización como hacemos en este capítulo.

Desde los estudios clásicos de la sociología de las profesiones, se entiende que una ocupación laboral alcanza el estatus de profesión – empleo, facultad u oficio que cada uno tiene y ejerce públicamente- si: (a) cuenta con *habilitación profesional*, o formación específica, dirigida y sancionada en su validez; (b) posee *regulación propia* que marca su eficaz desempeño; (c) se dirige por un código de *deontología profesional* que recoge las normas éticas para el ejercicio de la tarea; (d) está orientada hacia un *objetivo social* valioso de cuyo logro se responsabiliza; y (e) proporciona su *base económica* a las personas que se dedican a ella, en condiciones de prestigio social. Si bien la habilitación profesional para el desempeño de una responsabilidad social pensamos que, hoy, sigue marcando los límites de las ocupaciones profesionales. Bastante más discutible es si la regulación propia (o autonomía del colectivo frente al estado), la deontología profesional (en una época de relativización de los valores) y el prestigio (fuertemente asociado a la base económica, en un mundo desarrollado en que la habilitación profesional no garantiza, de ningún modo, el éxito económico), se pueden mantener como criterios de profesionalización de una actividad laboral (Zapata, 2007).

Las características de una actividad profesional son: (a) requerir una dedicación a tiempo completo; (b) la existencia de vocación en quienes la ejercitan; (c) la adopción de una estructura organizativa específica para su desarrollo; (d) la formación que requiere sobre un saber especializado para su ejercicio; (e) la orientación de la actividad hacia la resolución de problemas sustanciales de la sociedad; y (f) la autonomía del colectivo que la ejerce como grupo profesional. ¿Son estas características que se dan en plenitud en las distintas ocupaciones y perfiles de los profesionales de la educación?

Frente a Hoyle (1995), quien desde nuestro campo revisa y recoge de una manera exigente –al uso de los estudios sociológicos- los criterios de profesionalización –(1) función social, (2) destrezas especializadas, (3) ejercicio en situaciones de complejidad, (4) importancia de la experiencia para el aprendizaje, (5) cuerpo de conocimiento específico que exige un largo período de formación, (6) socialización en los valores profesionales durante el período formativo, (7) ajuste del desempeño a un código ético centrado en los intereses de los clientes/usuarios, (8) libertad de formulación de juicios para la valoración de los problemas prácticos, (9) regulación interna del colectivo con alto grado de autonomía frente al estado, (10) alto prestigio y alto nivel de remuneración-, Shulman (1998), se enfrenta a la caracterización de la actividad profesional, desde el interés del análisis de las relaciones entre formación, desarrollo y profesionalidad, de modo que propone los siguientes criterios:

(a) Una obligación de *servicio a los otros* con una cierta "vocación": los practicantes de las profesiones deben desarrollar una comprensión moral que pueda dirigir y guiar su práctica. Conocimientos y habilidades propios de la profesión deben ser mediados por una matriz moral.

(b)Comprensión de un cuerpo de teorías o *conocimientos establecidos*: una profesión tiene un conocimiento base construido académicamente, que legitima su trabajo.

(c) Un cualificado *dominio de actuaciones prácticas*: habilidades y estrategias que aseguran el ejercicio práctico de la profesión.

(d)Ejercicio de *juicio* en condiciones de inevitable incertidumbre: no aplicación directa de los conocimientos o habilidades sino el ejercicio de un juicio práctico en condiciones inciertas.

(e) Necesidad de *aprender de la experiencia* como interacción de la teoría y la práctica: los miembros de la profesión desarrollan la capacidad de aprender de la experiencia, contemplando sus propias prácticas.

(f) Una *comunidad profesional* que desarrolla la cualidad e incrementa el conocimiento: ser profesional es ser miembro de una profesión, que tiene ciertas responsabilidades públicas con respecto a las prácticas individuales.

Lo importante de la visión de Shulman, es que conecta perfectamente con la imagen que nutre la identificación de los profesionales de la educación con su tarea: *función social* de la educación, *equilibrio entre conocimiento teórico y conocimiento práctico, naturaleza artística* que se evidencia en la complejidad y singularidad de la tarea y existencia de una *comunidad profesional* que incrementa el conocimiento.

2. Límites a la profesionalización

Hemos estudiado dos límites que afectan a la profesionalización de los profesionales de la educación: la propia profesionalización de los formadores de formadores y el efecto de la racionalidad del mercado.

2.1. La regulación de la práctica

Junto a los discursos que reivindican la profesionalización del sector educativo también tenemos ante nosotros otros discursos alternativos que afectan al sentido mismo de la profesionalidad. Uno de ellos es el que discurre sobre la profesionalización como proceso de racionalización y formalización de las tareas profesionales con una cobertura institucional que le otorga un carácter de legitimación.

Desde su aportación sobre la genealogía de la profesionalidad docente, Cabaree (1999) aborda el asunto de la demanda problemática de profesionalización educativa desde la conjunción de varias fuerzas que coinciden históricamente en el mismo objetivo y cuyos resultados son inciertos. Por un lado, la preocupación por la eficacia social de la educación –una vez lograda la escolarización y alfabetización masiva como objetivos básicos en el mundo desarrollado- está centrada en el incremento de la calidad de la enseñanza y la formación que manteniendo el principio de igualdad de oportunidades –mito educativo que legitima la reproducción social- sea capaz de conseguir una verdadera formación avanzada. Para lograrlo, una vez comprobado el fracaso de las reformas curriculares, se elige la profesionalización como nueva bandera de los movimientos reformistas. Los informes clásicos abogaban, principalmente, por la extensión de la formación inicial docente, el endurecimiento de los criterios de habilitación y el establecimiento de una auténtica carrera con posibilidad de promoción en responsabilidad y en reconocimiento económico. Los mayores impulsores de la idea de profesionalización docente son los propios responsables de la formación docente. En la medida en que consigan profesionalizar la docencia -dotarla de autonomía política y elevarla de estatus social- se incrementará la propia posición social de los formadores de formadores.

Cabaree, centra su primera crítica a los movimientos de profesionalización precisamente en esto: no se originan en una necesidad ni social ni, en principio, percibida por el propio colectivo de profesionales, sino en los despachos universitarios de los formadores de formadores. Pero su crítica central a la profesionalización radica en la propia concepción de la educación y la escuela. La profesionalización es un proceso de racionalización y formalización de la enseñanza que impulsa la posición de las Ciencias de la Educación en el mapa de las áreas de conocimiento científico y la lleva a fortalecer una racionalidad técnica cuyo objetivo es la regulación fuerte de la práctica ignorando el fracaso a que irremediablemente conduce esta posición que no es capaz de articular una relación funcional –para el ejercicio de la profesión– entre conocimiento teórico y conocimiento práctico. Lo cierto es que la crítica de Cabaree, no exenta de fundamento, puede albergar algunas sombras en base a argumentos que ya hemos tenido la ocasión de presentar.

2.2. La racionalidad del mercado

Con la muerte de la racionalidad técnica en educación, desaparece la posibilidad teórica de imaginar a los profesionales de la educación como seres autónomos y capacitados que desempeñan su oficio bajo el único dictado de la regulación tecnológica que deriva de los principios de procedimiento empíricamente fundamentados de la enseñanza; lo que nos llevó a suprimir una imagen de profesionalidad características de la enseñanza y distinta a la propia de las profesiones liberales tradicionales. Pero, también, la muerte de la racionalidad técnica ha arrastrado consigo a los ideales ilustrados de democratización y universalidad en que se sustentaba la educación, para dejar paso a la nueva racionalidad emergente del mercado que descansa en la libertad de elección de Centro de las familias y sustituye la función reguladora de la actividad profesional que correspondía al Estado por la nueva regulación que ostentan los padres de los alumnos en los sistemas plenamente liberales. Fijémonos en que la relación profesional/cliente tradicional en el profesionalismo liberal no es la que se instala en la nueva realidad. No se trata de una relación libre sino fijada en términos de carácter contractual con las instituciones que actúan de mediadoras entre los profesionales y los clientes. Un efecto importante se sigue de esta nueva situación: se limita la autonomía docente cuando el profesorado cede poder formal a los contratadores y a los clientes sobre el sentido de la actividad educativa –sobre todo, desde el convencimiento generalizado de que no existen principios de procedimiento superiores que avalaran el proceder técnico docente-.

Dada la complejidad de la enseñanza en cuanto actividad social es irrenunciable el compromiso y la responsabilidad moral del profesorado con la educación del alumnado guiada por el "bien común" que se concibió y defendió desde la modernidad bajo la tutela de los nuevos Estados. Es cierto que, en nombre del Estado, se han cometido abusos e intromisiones en la esfera de responsabilidad educativa de las familias. Como señala Gimeno (1998), la profesionalidad docente discurre por un espacio de fronteras difusas y con solapamientos importantes con los padres de alumnos y alumnas. Por ello hay que concebir nuevas maneras de profesionalismo en educación que sean capaces de mantener la idea de "bien común" –que se materializa en la escuela pública-, la responsabilidad moral del profesorado en su función pública y el control social de la educación que debe ser ejercido por la ciudadanía. Sólo desde el equilibrio consensuado entre el poder docente y los demás poderes sociales interesados en lo educativo puede concebirse la profesionalización docente.

3. Tendencias en la profesión educativa

Es evidente que se trata de una profesión en continua evolución afectada por los continuos cambios sociales como ha descrito Esteve (2003). Estos cambios afectan a aspectos tan sustanciales para comprender la profesión como el aumento de exigencias, la diversificación de fuentes de formación e información, la necesidad de revisión continua de los currículos escolares y los programas formativos (y por ello de los currículos de formación y desarrollo de los profesionales), las nuevas condiciones laborales, el cambio en el modelo de interacción alumno-profesor y la fragmentación del rol docente que le genera una crisis de identidad. Aún así, a pesar de la evolución que observamos los estudiosos, podemos encontrar determinadas invariantes de la profesión. Por ejemplo, Vaillant (2004) hace un esmerado análisis panorámico sobre la docencia en América Latina, desde mediados de la década de 1980 hasta el primer lustro del siglo XXI, cuya tesis es que la profesionalización en educación está asociada a un desempeño autónomo, con responsabilidad sobre la tarea que se desempeña. Estos rasgos se construyen a partir de la confluencia de tres elementos: condiciones laborales adecuadas, una formación de calidad para los profesionales y una gestión y evaluación que fortalezca la capacidad de los mismos.

3.1. Nuevas políticas formativas

Los profesionales de la educación son los actores esenciales de la estrategia global para avanzar hacia la sociedad del conocimiento y, por ello, el eje central de las políticas educativas trazadas en contexto como el de la UE, América Latina y OCDE, durante la primera década del siglo ya vencida y para la década en curso –bajo estrategias denominadas Educación 2010 y Educación 2020 en Europa, objetivos del Milenio y otras auspiciadas por la OEI-. Ambas estrategias argumentan y esgrimen los resultados de aquellas investigaciones que muestran que existe una correlación significativa y positiva entre la calidad del profesorado y los logros académicos de los alumnos, y que este es el aspecto intraescolar más importante a la hora de explicar el rendimiento de los estudiantes (tiene mayor incidencia que los efectos de la organización, la dirección eficaz o las condiciones financieras de la institución escolar).

Siendo esto así, nos enfrentamos a dos problemas de profesionalización educativa. El primer problema está relacionado con el incremento del atractivo de la profesión docente para las nuevas generaciones de tal manera que el colectivo se nutra de jóvenes talentosos y su retención en la profesión para asegurar una adecuada suplencia de lo que ya es un colectivo bastante envejecido. El segundo problema está ocasionado con las nuevas necesidades formativas que se derivan de los nuevos escenarios formativos.

En 2004 se contabilizaban ya en la Europa de los 27 estados, un total de 6.8 millones de formadores de los que aproximadamente 1,8 millones trabajaban en formación profesional y ocupacional y 5.0 millones en el resto de etapas de la educación no universitaria. El de los formadores es el colectivo más envejecido de entre todos los colectivos profesionales, siendo el rango de edad más representado el de los docentes que tienen entre 50 y 54 años de edad. Entre 2010 y 2015, en Europa, nos hemos enfrentado a enormes necesidades de contratación debido al envejecimiento de la población docente, a pesar de las reducciones en el sector educativo generadas por la recesión económica.

Contratar (y retener) a profesores bien cualificados y motivados en la profesión educativa se erige en una necesidad de primer orden en los sistemas e instituciones formativas. Para ello se hace necesario el incremento salarial, la detención de la progresiva degradación del estatus percibido de la docencia, la aminoración de la creciente dificultad percibida de la tarea y el aumento de las perspectivas de carrera.

Respecto a las necesidades formativas emergentes, habrá que reparar en cuestiones tales como qué cualificaciones deben poseer los profesionales de la educación considerando la transformación de su papel en esta sociedad del conocimiento, qué condiciones hay que crear para el ejercicio profesional en este nuevo escenario; qué papel ha de jugar la formación inicial y continua en la conformación de la cualificación profesional y el propio desarrollo profesional dentro de la perspectiva del aprendizaje permanente. Al igual que en cualquier otra profesión moderna, los docentes también tienen la responsabilidad de ampliar los límites de su conocimiento profesional mediante un compromiso con la práctica reflexiva, mediante la investigación y a través de una participación sistemática en el desarrollo profesional continuo desde el principio hasta el final de sus carreras.

Los sistemas de educación y de formación del profesorado deben proporcionar las oportunidades necesarias para todo ello. Los profesionales, que ayudan a los jóvenes a asumir la responsabilidad de planificar sus itinerarios de aprendizaje a lo largo de su vida, también deben ser capaces de hacerse cargo de sus propios itinerarios de aprendizaje. En un contexto de aprendizaje permanente autónomo, el desarrollo profesional de los profesores implica que éstos: sigan reflexionando sobre el ejercicio de la profesión de forma sistemática; realicen investigaciones en las aulas; incorporen en su docencia los resultados de la investigación en las aulas y de la investigación académica; evalúen la eficacia de sus estrategias de enseñanza y las modifiquen en consecuencia, y evalúen sus propias necesidades de aprendizaje.

Dado que se trata de una profesión de personas en aprendizaje permanente, los docentes deben recibir apoyo para continuar con su desarrollo profesional a lo largo de sus carreras. Tanto ellos como las administraciones educativas y/o sus empleadores deben reconocer la importancia de adquirir nuevos conocimientos y ser capaces de innovar y de aprovechar resultados de investigaciones para mejorar su labor.

La de docente es una profesión que requiere una alta cualificación. Todos los docentes deben estar muy cualificados en su ámbito profesional y contar con una cualificación pedagógica adecuada; deben contar con amplios conocimientos de las materias que imparten, buenos conocimientos pedagógicos, las capacidades y competencias necesarias para orientar y apoyar a los alumnos, y comprender la dimensión social y cultural de la educación. Es una profesión en la que la movilidad es un componente fundamental de los programas iniciales y continuos de formación; se debe animar a los docentes a que trabajen o estudien en otros países europeos para que se desarrollen profesionalmente. Se trata, por último, de una profesión basada en la colaboración. Los centros de formación del profesorado deben organizan su trabajo en colaboración con centros, servicios y programas educativos, entornos de trabajo locales que imparten formación orientada al trabajo y otras agentes interesados.

Tres niveles de competencias se han considerado relevantes para profesionales de la educación en Europa (Comisión Europea, 2008): (a) competencias profesionales (relacionadas con la experiencia y las destrezas técnicas); (b) competencias pedagógicas y sociales (que facilitan los procesos didácticos, el trabajo con los jóvenes, la integración de las funciones formativas, la mentorización, el aprendizaje colaborativo y la trasferencia efectiva de conocimiento); y (c) competencias de gestión (coordinación con agencias formativas colaboradoras y supervisión de prácticas). En tanto que las primeras se consideran prerrequisito de acceso a la profesión, las pedagógico-sociales y las competencias de gestión representan una laguna importante en la mayoría de programas de formación docente y se convierten en eje prioritario de las acciones de formación continua.

La propia Comisión Europea (2007) informa de que los sistemas de formación del profesorado no siempre están bien preparados para satisfacer las actuales demandas formativas. En una encuesta reciente de la OCDE, casi todos los países informan de deficiencias en las capacidades docentes y dificultades para actualizar las capacidades de los profesores. Estas deficiencias están relacionadas especialmente con la falta de competencias en relación con los nuevos retos de la educación (incluido el aprendizaje individualizado, la preparación de los alumnos para aprender de forma autónoma, las clases heterogéneas, la preparación de los alumnos para aprovechar al máximo las tecnologías de la información y de la comunicación, etc.). Existe poca coordinación sistemática entre los distintos elementos de la formación del profesorado, lo que da lugar a una falta de coherencia y de continuidad, especialmente entre la formación inicial de un profesor y la posterior incorporación en la profesión, la formación continua y el desarrollo profesional; además, estos procesos no suelen estar relacionados con el desarrollo o la mejora educativas, ni con la investigación educativa. Los incentivos para que los profesores continúen actualizando sus competencias durante sus carreras profesionales son escasos. La inversión en formación continua y desarrollo del profesorado es baja en toda la Unión Europea y la disponibilidad de formación continua para los profesores en ejercicio es limitada. Sólo en un tercio de los países existen marcos explícitos para ayudar a los profesores que encuentran dificultades para ejercer sus funciones adecuadamente.

Como conclusión de su amplia revisión sobre la profesión docente en 34 países, la OCDE ha señalado en torno a cinco objetivos políticos, las medidas necesarias para estimular la profesionalización del colectivo docente y romper la brecha existente entre competencia docente, calidad de la formación de formadores y formación eficaz. Hablar de esta brecha supone admitir que aunque existan estrechos lazos entre la competencia docente y la eficacia formativa, no está claro aún, que sean los propios procesos formalizados de formación inicial docente ni los procesos de selección los que garantizan la competencia de los formadores. Al igual que no existen estrechas conexiones entre la formación inicial y la formación continua de los docentes. Las medidas que sugiere la OCDE, se organizan sobre cuatro objetivos políticos marcados: (a) hacer de la docencia una carrera más atractiva; (b) facilitar la adquisición de conocimiento y destrezas profesionales; (c) seleccionar y emplear a los mejores docentes; (d) retener a los profesores más efectivos dentro de la profesión; y (e) desarrollar y aplicar una política formativa. Con estas medidas la OCDE pretende conseguir una carrera más atractiva capaz de seleccionar y retener a los docentes más competentes.

Pero es evidente que no se agota con ellas el catálogo de medidas necesarias si pretendemos avanzar en la construcción de la sociedad del conocimiento de la que los docentes son el pilar más importante. El atractivo de la carrera (y sus consecuencias para la selección y retención) habrá que acompañarlo de: (f) la adaptación del rol profesional a los nuevos escenarios formativos; (g) el refuerzo de la autonomía profesional; y (h) el aseguramiento de la calidad en el desempeño profesional. Con estos otros tres nuevos objetivos completamos un catálogo de ocho objetivos políticos para la cualificación profesional docente que ya habíamos presentado recientemente (Tejada y Fernández, 2009).

En conclusión, las políticas educativas nacionales de los últimos 25 años han prestado especial atención a la formación del profesorado. Numerosas reformas políticas en este campo durante los años 90 trataron de ofrecer a los docentes una formación de mayor calidad, de modo que adquiriesen las competencias necesarias para desarrollar sus actividades. Se espera que los nuevos docentes recojan los beneficios de estos cambios, aunque aún es pronto para medir con exactitud las repercusiones que esto va a tener en la calidad de la educación en las escuelas.

3.2. Cambios en el ejercicio de la profesión

Tal y como se recoge en los sucesivos informes –Eurydice, OCDE, OEI, UNESCO- sobre la profesión docente su ejercicio ha estado sujeto en las últimas décadas, a importantes cambios. A partir de 1990 en la mayoría de regiones del mundo se inició un proceso de cambio considerable respecto a la configuración de la profesión educativa, que lleva a la profesión a su situación actual. El deseo de acabar con la escasez de profesores debida a la falta de perspectivas profesionales y salariales, fue la causa de los principales cambios introducidos: la apertura de la gestión de sus sistemas educativos a la influencia de los mecanismos del libre mercado, la promoción de la competencia entre Centros, y la ampliación de las posibilidades de contratación como docentes de otros profesionales que no han sido específicamente formados en pedagogía, sino que tienen experiencia profesional en otros sectores.

Durante algunos años, la tendencia dominante ha sido acercar a los docentes a sus empleadores y a las autoridades responsables de la formación del profesorado. En la mayoría de los casos, esta descentralización ha llegado hasta el nivel de los Centros educativos y de las instituciones para la formación del profesorado. De este modo, estas últimas han adquirido una autonomía considerable en cuanto a libertad para establecer el currículo y contenido de la formación se refiere.

Entre las reformas centradas en las condiciones laborales, las relativas a los salarios y a la promoción han sido los principales objetivos de los cambios legislativos. El horario laboral, las funciones y los códigos deontológicos de los docentes, así como su estatus, procedimientos para su contratación y permanencia en la profesión también han sido objeto de modificaciones, aunque en menor medida. Los cambios en las medidas legales de apoyo al profesorado y de evaluación de los docentes, están ocurriendo muy recientemente.

Imbernón (2006), se hace eco de las principales denuncias de política educativa que recogen los informes internacionales en cuanto al poco atractivo de la profesión, el deterioro de los salarios docentes, la intensificación de su trabajo y la disminución de la calidad de las instalaciones, recursos para la enseñanza, pero, sobre todo, la inadecuación de la preparación docente para enfrentar los desafíos que le plantea la actual población escolar. Imbernón resume su visión en los tres vectores que a su juicio, pueden mejorar la situación de la profesión: ajuste de las competencias docentes a las necesidades actuales, dignificación de la profesión y potenciar la profesionalización desde el fortalecimiento de la autonomía institucional de los Centros educativos.

Los salarios del profesorado se han venido reformando y mejorando desde los años 90. En particular, se modificaron los tres aspectos siguientes: se tuvieron en cuenta nuevos factores a la hora de calcular los salarios, se revisaron las escalas salariales y se corrigieron los salarios base. La tendencia general fue un aumento de los salarios. Estas reformas fueron sobre todo consecuencia de tres factores frecuentemente interrelacionados: (a) Las regulaciones salariales se adaptaron en función de los cambios políticos; (b) Se introdujeron cambios para responder a las nuevas exigencias hechas a los profesores. Varios factores como los méritos, rendimiento, otras titulaciones, formación permanente y responsabilidades adicionales se tuvieron ahora en cuenta al fijar los salarios; (c) La necesidad de hacer más atractiva la profesión docente, respondiendo así a los problemas de escasez de profesorado en algunas zonas.

Los méritos o la calidad de la enseñanza impartida fueron algunos de los nuevos criterios para el cálculo de los salarios en un número considerable de países. La razón subyacente fue que el personal del sector público, en este caso los docentes, debían contar con incentivos que potenciasen su eficacia hasta un nivel cercano a los del sector privado. En la práctica, el resultado ha sido un esfuerzo considerable por dotar a la docencia de mayor flexibilidad y mejorar la calidad de la misma, atribuyendo una mayor importancia al mérito individual o al rendimiento. Como consecuencia, se han desarrollado políticas salariales más personalizadas. Las reformas introducidas en Polonia desde el año 2000 son un buen ejemplo de esta tendencia a personalizar los salarios. De hecho, el objetivo de dichas reformas es crear diferencias salariales entre los docentes, animándoles así a formarse y a mejorar la calidad de su práctica docente. Anteriormente, las carreras de los profesores polacos eran previsiblemente uniformes, sin posibilidades de promoción. Por tanto, estas reformas introducen un elemento competitivo entre los docentes cuyo fin ultimo es aumentar la eficacia y calidad de su trabajo.

El horario lectivo (referido al tiempo que los docentes pasan con sus alumnos, generalmente en el aula) y el concepto de horario laboral han sido objeto de las reformas más importantes. Las reformas que pretenden tanto aumentar como reducir el horario lectivo reflejan la tensión subyacente entre el deseo de reducir el gasto y la necesidad de hacer más atractiva la profesión docente. El aumento del horario lectivo tiene, de hecho, resultados positivos en términos presupuestarios, puesto que se necesitan menos profesores para cubrir el mismo volumen global de horas lectivas. En ocasiones, los salarios de los docentes disminuyen para reducir costes y porque la oferta de profesores supera la demanda. Es la situación específica que se vive en los países del sur de Europa desde el estallido, en 2008, de la crisis económica.

Hay que subrayar que el horario lectivo no se corresponde con el total del horario laboral estipulado en el contrato de trabajo. De ahí que la carga laboral de los docentes tuviese que fijarse de nuevo en varias ocasiones muchos países. El principal objetivo era la clara estipulación en el contrato de las distintas actividades a desempeñar por los docentes, sin especificar necesariamente el tiempo que debían dedicar a cada una de ellas. En todos los casos, la definición de la carga laboral enviaba un claro mensaje a la sociedad en general: las funciones de los docentes no se limitaban a las horas lectivas.

La carga laboral de los docentes ha aumentado de forma gradual desde los años 70. De este modo, el desarrollo de la estructura única dentro del sistema educativo ha supuesto que los profesores tengan que trabajar con grupos de alumnos más heterogéneos. Además, desde los años 90 los profesores han tenido que evaluar su propia práctica docente y participar en la evaluación externa. Por último, el desarrollo del currículo se ha descentralizado de forma drástica y en la actualidad es incluso establecido en parte por los profesores de cada asignatura. El resultado de todas estas medidas ha sido el aumento de su carga laboral y una mayor presión sobre ellos.

En todos los casos, las reformas que afectaron a la carga laboral de los docentes precedieron a aquellas que aumentaron los salarios (lo que no implica necesariamente que exista una relación entre ambas). En ocasiones transcurrió bastante tiempo entre la reforma de la carga laboral y la subida salarial.

La selección, contratación y jubilación de los docentes no ha sido objeto de importantes reformas, aunque varios cambios merecen ser señalados. La necesidad de hacer más atractiva la profesión docente, que suele asociarse con el problema de la escasez de profesores, también está en la base de ciertos cambios en los criterios de selección y contratación del profesorado.

Fernández Enguita (2006) subraya la función reguladora que los nuevos informes internacionales sobre la eficacia de la enseñanza y la calidad de los sistemas educativos, está teniendo sobre el trabajo de los docentes. Una regulación, más fuerte si cabe que la que hemos denominado de la tiranía del mercado, y que por la amplia aceptación social de estos informes internacionales, orienta más que ningún otro esfuerzo de racionalización por parte del colectivo docente, las políticas educativas. De la lectura de los informes de rendimiento se pueden extraer conclusiones que afectan a la preparación de los docentes y a la eficacia de su desempeño. Él se detiene en la relación entre los sistemas de selección y contratación y sus relaciones con el rendimiento escolar, para proponer la revisión de estos sistemas. Finaliza denunciando la ausencia de datos sobre organización escolar en los informes sobre la profesión docente.

3.3. Cambios en la formación de los profesionales

El contenido de la formación inicial del profesorado ha sido objeto de grandes cambios desde los años 90. Se ha modificado el contenido y el nivel en casi todos los países. Las instituciones de formación inicial del profesorado pasaron a ser autónomas, se abandonaron los currículos prescritos en el ámbito central y hubo cambios en la metodología y en el contenido de materias clásicas como la historia, la lengua y la literatura, la educación filosófica y cívica, la pedagogía y la psicología. Asimismo, se introdujeron nuevas materias como las tecnologías de la información y la comunicación, o la dirección de Centros. En cualquier caso, se avanzó hacia una mayor autonomía para definir el currículo, autonomía que ha estado con frecuencia acompañada o seguida de regulaciones para establecer o garantizar el cumplimiento de las normas nacionales e internacionales de calidad.

Otro cambio característico fue la ampliación de la duración de la formación inicial del profesorado que, en la actualidad, en la mayoría de países exige un grado universitario para el ejercicio en preescolar y educación primaria o un nivel de máster o maestría para el desempeño en educación secundaria

No obstante, las tendencias en la reforma de la formación inicial del profesorado no siempre se reflejaron en cambios en la formación permanente. Así, mientras que el impacto de las reformas fue mayor en el contenido de la formación inicial del profesorado que en cualquier otro aspecto, el contenido de la formación permanente no se modificó hasta ese extremo. Esto podría atribuirse al hecho de que la formación permanente se encuentra, por lo general, menos regulada y más descentralizada que la formación inicial del profesorado.

La formación permanente, al igual que la inicial, ha demostrado tender a la descentralización de competencias hasta el nivel de los Centros de formación. Al mismo tiempo, las autoridades centrales han desarrollado con frecuencia pautas para asegurar que se cumplen los niveles mínimos de calidad y para mejorar la coherencia entre la formación inicial y permanente del profesorado.

Las importantes medidas adoptadas para convertir la formación permanente en obligatoria o en un prerrequisito para la promoción, así como aquellas que intentan fijar su volumen, deberían sin duda relacionarse con la ampliación del periodo de formación inicial del profesorado y el mayor nivel de cualificación exigido a los nuevos docentes. La formación permanente se ha convertido en obligatoria o recomendada encarecidamente en bastantes países. La importancia atribuida a la formación permanente del profesorado parece indicar que los conceptos de aprendizaje a lo largo de la vida y de desarrollo continuo de competencias se están convirtiendo cada vez más en moneda común dentro de la profesión docente.

Es difícil saber cuáles son los programas de formación y desarrollo que más impacto tienen en la práctica. Entre otras cosas, porque no es fácil estar de acuerdo en cómo debe medirse el impacto eficaz. En cualquier caso Ingvarson, Meiers y Beavis (2005), han estudiado en profundidad los programas que se consideran exitosos para extraer consecuencias y hacer propuestas de orientaciones sobre la formación y el desarrollo profesional. Los programas con éxito son aquellos que obligan a los docentes a extender sus prácticas y hacerlas visibles de manera que puedan recibir retroalimentación de los colegas.

Esteve (2006) señala que una de las principales necesidades y tendencias de la profesión es la de mejorar los programas de formación inicial para que se ajusten mejor al objetivo general de lograr un incremento en la formación general de los ciudadanos y facilitarles a los escolares su transición al mundo profesional disminuyendo las tasas de fracaso escolar que son alarmantes en algunos de los países de Europa (España, por ejemplo). A pesar de las importantes reformas realizadas en los programas de formación inicial en toda Europa, por influencia de las reformas previas acaecidas en los Estados Unidos, el profesorado sigue instalado en una situación de crisis colectiva provocada, en parte por los cambios sociales acaecidos y no es capaz, por sí solo de romper la barrera del fracaso escolar pues no está acompañado de las medidas administrativas y políticas que considera necesarias. Alerta Esteve (2006) sobre la necesidad de reforma de los currículos de formación inicial del profesorado para atender las siguientes necesidades: dominio de las TIC, gestión de Centros, atención a la diversidad y mejora del clima de convivencia escolar.

Zabalza (2006) se centra en el problema de la formación como eje central de la mejora de la profesión y propone la necesaria conexión entre formación inicial y continua de los profesionales de la educación, desde la perspectiva de que el aprendizaje profesional es un aprendizaje de toda la vida y no puede considerarse acabado al finalizar la formación inicial. Para ello, además de reclamar un proceso más profesionalizador para la formación docente, propone revisar el modelo de profesor referente para el que se organiza la formación, de manera que se ajuste a las auténticas necesidades sociales. Retoma la discusión —nunca cerrada en más de 100 años de historia de la formación docente institucionalizada- de generalistas y especialistas entre los formadores de profesores para proponer zanjar el eterno debate orientando la formación no a las disciplinas sino a proyectos de formación multidisciplinares.

Montero (2006) se centra en el análisis que se hace de la formación inicial hacia la que han vuelto las miradas de los estudiosos no solo en Europa, sino también en los Estados Unidos, desde diferentes agendas que están compitiendo en la práctica y que vamos a presentar a continuación. Montero (2006) se hace eco de las nuevas condiciones sociales de la escolarización y las exigencias que se derivan hacia los programas de formación inicial. En general, continúan las debilidades en los programas de formación inicial: excesiva disciplinariedad de la formación de Maestros de Educación Infantil, Primaria y escasa o nula formación inicial del profesorado de educación secundaria y desconexión de los programas con los procesos de desarrollo profesional. Y esto último a pesar de los esfuerzos que han realizado las administraciones en formación continua de los docentes al hilo de la implantación de las últimas reformas escolares. Pero este esfuerzo, además de no constituir en sí mismo un sistema homogéneo y organizado, ha estado desconectado de los programas de formación inicial y de las instituciones que los desarrollan. Montero (2006) abunda en las propuestas de reforma de la formación inicial, de la selección del profesorado y de la conexión entre formación inicial y permanente.

Desde otro contexto, y para que sirva de contrapunto, el estudio de Guskey (2003) sobre impacto relevante de programas formativos, recoge como los cinco elementos que más éxito provocan en la formación docente (y los recoge como recomendación general): (1) que mejore el conocimiento del contenido y el conocimiento pedagógico general de los docentes; (2) que proporciones tiempo suficiente y recursos valiosos para el aprendizaje; (c) que promueva la colaboración; (d) que incluya procedimientos de evaluación y (e) que integre las iniciativas de reforma educativa.

Es evidente que el impacto de la introducción de las TIC en educación, además de una oportunidad y un reto, representan también un nuevo escenario para la formación y la profesionalización docente (Gross y Silva, 2005). Quizás estemos ahora en el inicio de los estudios que haga luz sobre los nuevos procesos de colaboración y aprendizaje profesional que se están generando y su efecto para los docentes y es un campo que nos queda abierto de manera provocativa para los investigadores.

3.4. Agendas

Aunque haya acuerdo en que los programas de formación docente deban mejorar, no hay acuerdo sobre cómo, porqué y para qué principios educativos. Las continuas llamadas a la reforma de los sistemas de formación docente tienen distinta procedencia histórica y persiguen distintos objetivos. Algunas se conciben como estrategias de control político de la enseñanza en tanto que otras representan a los movimientos de lucha constante por la autonomía profesional y por la equidad.

Cochran-Smith y Fries (2005) se refieren a estas estrategias como a las diferentes agendas de reforma de la formación docente: la agenda de la profesionalización, la agenda de la desregulación, la agenda de la regulación y la agenda de la justicia social. Aunque representan distintas perspectivas de la formación docente, estas agendas no son mutuamente excluyentes.

La agenda de profesionalización

Aunque la agenda de profesionalización ha sido la dominante desde la creación de las escuelas normales de formación de maestros en el siglo XIX, su forma actual la adquiere con las reformas educativas de los años 80 y 90, las reformas en la formación inicial y la acreditación docente y el avance de la investigación sobre pensamiento del profesor y el conocimiento profesional. Esta agenda de profesionalización actualizada defiende la formación docente como una profesión que posee una base establecida de investigación y un cuerpo de conocimiento que distingue a los formadores de profesores profesionales de otros agentes formativos, tiene una responsabilidad jurídica para definir e intervenir sobre los problemas profesionales y se desenvuelve con un sistema claro y consistente de estándares de práctica profesional.

El mayor objetivo de la agenda de profesionalización es asegurar que los profesores estén completamente preparados para desarrollar el currículum de la educación infantil, primaria y secundaria. Por ello, la agenda está condicionada, como los sistemas curriculares que nacen a partir de los años 80, por el auge de las ciencias del aprendizaje y los avances de la investigación en desarrollo humano, lenguaje, evaluación, pedagogía y análisis de los contextos sociales. Desde la agenda de la profesionalización se insiste en que la profesionalidad docente es el factor que más influye en la mejora del rendimiento del alumnado.

La agenda de desregulación

En competencia con la agenda de profesionalización aparece la agenda de desregulación que pretende eliminar la mayoría de requerimientos de entrada en la profesión. Los defensores de la desregulación defienden que es el por el propio rendimiento académico de los alumnos, medido a través de estándares, por el que se debe decidir qué profesores deben enseñar y cuáles no. Se basan en el hecho de que no son los mejores estudiantes quiénes inician los programas de formación docente y ello aparta de la profesión a los mejores candidatos. El ingreso en los programas de formación docente parece cubrir un especio social antes que hacer una selección de las personas que más puedan influir en el incremento del rendimiento académico de la población escolar. Desde esta agenda se intenta romper el monopolio sobre la profesión que tiene la comunidad de formadores de profesores y argumentan que no existe investigación alguna que muestre el posible impacto de la formación pedagógica de los profesores sobre en la mejora del rendimiento del alumnado.

Desde esta agenda se identifica profesionalización y regulación estatal. De esta manera, la agenda se sitúa en los movimientos de reforma basados en las necesidades del mercado y los movimientos de privatización de los servicios públicos. En un ambiente fuertemente competitivo, las escuelas seleccionarán y retendrán a los docentes que mejores rendimiento del alumnado les garanticen.

La agenda de regulación

Junto a las anteriores agendas, en algunos estados se abre camino una mayor regulación administrativas de los programas de formación docente, interviniendo en el diseño de la estructura curricular de los programas y sus componentes formativos, estableciendo controles rígidos para el acceso a la formación inicial par la obtención de la licencia o acreditación, y buscando mecanismos de evaluación del impacto que los programas de formación tienen en el rendimiento del alumnado. La principal crítica a la agenda de regulación es que disminuye la autonomía profesional.

La agenda de justicia social

En la última década, la conceptualización de la enseñanza y la formación docente en términos de justicia social ha sido la idea central que ha animado a los académicos de la educación y a los profesores en la práctica que revisan su trabajo desde postulados críticos (Cochran-Smith, 2004). Los defensores de esta agenda, como Zeichner (2010), pretenden formar docentes que no sólo enseñen bien sino que trabajen por la equidad social a través de la educación. Buscan profesores que estén preparados para enseñar en escuelas con ambiente hostil en las que la proporción de alumnado con dificultades sociales, es mayoritaria.

La agenda de la justicia social se solapa y coincide a veces, pero también se enfrenta en ocasiones, con las anteriores tres agendas. La agenda de la justicia social coincide con la agenda de la regulación cuando exige que todos los profesores contratados en todas las escuelas cumplan con los requerimientos exigidos por el estado. La diferencia fundamental entre las dos agendas reside en el acceso diferencial a los recursos que se defiende desde la agenda de justicia social, a favor de escuelas, profesores y programas de formación que se nutren de una proporción más fuerte de población desfavorecida.

Aunque la agenda de la justicia social y la agenda de la profesionalización comparte buena parte de sus fundamentos, la justicia social se define, en parte, como una crítica a la profesionalización en lo relativo al conocimiento universal de base. Por ello se oponen radicalmente a la realización del prácticum en escuelas urbanas normalizadas y enfatizan las diferencias debidas a lo que hemos denominado ímpetu demográfico en la cultura escolar y la cultura de la escolarización.

Por último, también se defiende desde la agenda de la justicia social alguna experiencia de desregulación que permite el acceso a la enseñanza a profesores que no habiendo seguido los itinerarios normalizados de certificación para la carrera docente, presentan altas cualidades personales para enseñar en escuelas no normalizadas.

4. Enfoque profundo de la profesionalidad en educación

El estudio de los niveles de calidad, su evaluación y su certificación en el ejercicio de una profesión, se ha estudiado bajo el concepto de profesionalidad. Son muchos los trabajos que aparecen en los últimos años sobre la profesionalidad en educación intentando ofrecer un conjunto de rasgos desde los que encarar la formación y el desarrollo de los educadores para ayudarlos a lograr cotas de mayor profesionalidad.

En este sentido, y basados en un estudio clásico de Hopkins y Sterns (1996), nosotros hemos venido desarrollando un catálogo de rasgos con el que, hoy, queremos caracterizar lo que llamamos "enfoque auténtico o profundo de la profesionalidad en educación". Esos rasgos son: verdadero compromiso educativo con los alumnos; dominio de la materia formativa; capacidad reflexiva; y capacidad de trabajo en equipo.

4.1. Compromiso educativo

El compromiso profesional está referido a aquella actitud del educador que le permite dirigir su trabajo hacia un fin social y educativo valioso de cuyo logro se responsabiliza. Un fin que está más allá de los objetivos concretos que se persiguen cuando se enseña un determinado tema del programa o se desarrolla una unidad formativa.

Por una parte, el compromiso educativo se concreta en la preocupación por el alumno. El compromiso supera a los objetivos de aprendizaje de la propia materia y se sitúa en la órbita del sentido que la experiencia escolar o formativa tiene para el desarrollo del alumno, para su futuro, para su vida más allá del período de formación. Se trata de un compromiso con el impacto educativo de la experiencia formativa deja en cada alumno. Un compromiso que de manera individual, desde la óptica de la materia y desde la óptica de la relación humana en el aula, debe adquirir el docente, pero que, evidentemente le supera y debe acompañarse de un compromiso colectivo porque el impacto educativo es fruto de toda la experiencia escolar y responsabilidad de todo el equipo educativo. Pero, ojo, la responsabilidad conjunta no debe enmascarar la responsabilidad personal que cada docente tiene con cada uno de los alumnos con los que comparte un tiempo precioso de relación educativa.

Los estudios sobre la evolución de las preocupaciones profesionales de los docentes informan, de manera persistente, que la preocupación que guía la acción docente durante sus primeros años de enseñanza es la del dominio de la gestión de la clase.

En principio, a no ser que medie una acción formativa eficaz, sólo entre los profesores expertos aparece la que debiera ser preocupación profesional prioritaria: el impacto de la acción educativa. Es por ello por lo que estos profesores confiesan que una de las mayores recompensas a su trabajo reside en la constatación de cómo y cuánto han contribuido ellos a la formación de un joven o de una persona adulta que tuvieron como alumno en la escuela. La existencia de este compromiso educativo permite mejorar la visión que los profesores sustentan sobre lo que es la buena enseñanza e, incluso, los criterios de bondad de determinadas prácticas docentes, como la adaptación a la diversidad o la evaluación.

Pero el compromiso, no es sólo con el alumno. Es también un compromiso de naturaleza social que lleva al profesor experto a plantearse no sólo el impacto de su enseñanza en las vidas particulares de sus alumnos, sino en la mejora de la sociedad del futuro que de alguna manera, y a pesar de todas las dificultades y contradicciones, él está contribuyendo a construir. Desde este compromiso, la supeditación de los objetivos de aprendizaje de la materia a los objetivos generales de la educación, o la introducción de las temas transversales en su propia disciplina formativa, son, por tanto, criterios de profesionalidad profunda.

4.2. Conocimiento didáctico

El dominio de la materia en el aula no exige sólo la comprensión de la disciplina sino que obliga a los buenos profesionales de la educación a desarrollar un conocimiento didáctico propio de la disciplina que enseñan. Un conocimiento didáctico que no se adquiere durante la formación inicial de carácter teórico sino en contacto con la práctica y que por ello debe ser objeto de los planes de formación y desarrollo. Este conocimiento didáctico del contenido es la especie de conocimiento más genuinamente docente en el sentido en que incorpora una destreza profesional, la transformación del conocimiento académico en contenido enseñable, que puede caracterizar a la tarea profesional del profesor. Lo integran cuatro elementos esenciales: la comprensión de la materia, el aprender a pensar en la materia desde la perspectiva del alumno, el aprender a representar el contenido de la materia y, finalmente, el aprender a organizar a los alumnos para el aprendizaje de la materia.

Por ello, el conocimiento didáctico del contenido requiere un conocimiento profundo del modo de aprender que siguen los alumnos; el conocimiento de los medios y recursos didácticos; el conocimiento de estrategias y procesos instructivos en relación a la disciplina; y el conocimiento de los objetivos finales de la enseñanza de la materia. En definitiva se trata de un conocimiento que capacita al docente para organizar el contenido académico en un discurso de enseñanza comprensivo para los alumnos.

Todo este proceso descrito tiene tres implicaciones básicas para establecer criterios de profesionalidad. *Primero*, no basta con el dominio de la materia sino que, además, los buenos profesores desarrollan un conocimiento didáctico del contenido de la materia que les permite hacer una enseñanza de calidad. *Segundo*, no existe un único método para la enseñanza de la materia. Por eso entendemos que los buenos profesionales se sirven de manera flexible de metodologías diversas y variadas para mediar entre los alumnos y el conocimiento, adaptando su intervención a las peculiaridades contextuales y a las necesidades educativas específicas de alumnos y de grupos de alumnos. *Tercero*, el dominio de este conocimiento didáctico que facilita la enseñanza y su flexibilidad, se desarrolla con la experiencia, en la práctica. Aunque no sólo la práctica garantiza su desarrollo.

4.3. Reflexividad

Los educadores de calidad deberían implicarse, de manera cooperativa, en acciones reflexivas, para abordar el posible cambio de la formación desde perspectivas alternativas que las actuales condiciones ideológicas, legislativas y administrativas de la educación, en principio no dejan ni ver ni traspasar, para orientar una plataforma contextualizada de emancipación profesional en pos de la mejora educativa. A esto se refiere la capacidad de reflexión o reflexividad que debe promocionarse en las acciones de formación y desarrollo profesional.

Los presupuestos que subyacen al fomento de la reflexividad son, en primer lugar, que los adultos aprenden más efectivamente cuando sienten una necesidad de resolver un determinado problema. Por otra parte, la gente entiende mejor lo que se requiere para mejorar un trabajo cuando se encuentra estrechamente ligada a ese trabajo. Sus experiencias de enseñanza proporcionan a los profesores guías para la resolución de problemas. Finalmente, los profesores adquieren importantes conocimientos y habilidades en su implicación en procesos de mejora de la escuela y del desarrollo del currículum.

La plataforma más fuerte de reconceptualización de la reflexión queda bien reflejada en el conjunto de proposiciones de Kemmis (1999) que articulan una visión transformadora del proceso reflexivo: (1) la reflexión no está determinada ni biológica ni psicológicamente, ni es "pensamiento puro"; la reflexión expresa una orientación hacia la acción y trata la relación entre el pensamiento y la acción en las situaciones históricas reales en las que nos encontramos; (2) la reflexión no es el trabajo individualista de la mente como si fuera un mecanismo o especulación, supone y prefigura las relaciones sociales; (3) la reflexión no carece de valor ni es neutral con respecto al valor, expresa y está al servicio de intereses humanos, sociales, culturales y políticos concretos; (4) la reflexión no es indiferente o pasiva al orden social, ni extiende valores sociales acordados, reproduce de manera activa o transforma las ideologías prácticas que son la base del orden social; (5) la reflexión no es producto mecánico, ni es un ejercicio puramente creativo de construcción de nuevas ideas, es una práctica que expresa nuestro poder para reconstruir la vida social participando en la comunicación, la toma de decisiones y la acción social.

Pero el pensamiento crítico implica algo más que una actividad de razonamiento lógico o de examen profundo de determinados argumentos. El pensamiento crítico implica el reconocimiento de los presupuestos que subyacen a nuestras propias creencias y conductas. Significa que podemos dar justificaciones de nuestras ideas y acciones, justificaciones cuya racionalidad tratamos de juzgar. Significa que podemos pensar, proyectar y anticipar las consecuencias de esas acciones. Y significa que podemos probar si esas justificaciones son o no adecuadas. En pocas palabras, el pensamiento crítico tiene una dimensión reflexiva. La idea de aprendizaje reflexivo está, pues, relacionada con el pensamiento crítico.

4.4. Capacidad para el trabajo en equipo

Parece que los anteriores rasgos de profesionalidad se disolverían en una relativa inutilidad si no rescatáramos una de las ideas esenciales de la calidad educativa. El compromiso educativo con el alumno, con el dominio de la materia, con la flexibilidad y con la reflexividad alcanzan sentido cuando se extienden del nivel individual al nivel colectivo de la institución y del equipo de trabajo. Con sus dificultades. Con sus conflictos. Desde el convencimiento de que no se puede renunciar a ello para lograr la calidad.

Hemos visto como buena parte de los esfuerzos formativos y de investigación que se dedican al desarrollo profesional del profesorado, buscan como finalidad última la mejora de su conocimiento profesional, sus destrezas y sus actitudes en la gestión de la enseñanza en una institución educativa concreta. Pero, además de la necesaria preparación docente para el ejercicio profesional, se hace necesaria una preparación continua en el centro de trabajo que capacite a profesores y profesoras y al equipo docente que forman, para ofrecer, de manera institucional, las respuestas educativas que al centro se le demandan. Para la historia de la investigación en formación y desarrollo docente esto supone admitir una dimensión supraindividual de la profesionalización educativa cuyo campo substantivo es la propia organización institucional y cuya finalidad última es la capacitación del equipo docente para liderar y gestionar la mejora continua del Centro formativo. A esto lo llamamos desarrollo organizativo.

Frente a una visión de la innovación educativa centrada en los aspectos substantivos del currículum escolar para la cuál los cambios organizativos son necesarios en la medida en que facilitan o dificultan la toma de decisiones curriculares y la adopción de cambios significativos, y desde la consideración de la organización educativa como una realidad cultural antes que como unidad estructural del sistema educativo, la idea central del desarrollo organizativo es que el cambio educativo es, en sí, un cambio organizativo pues siempre consiste en una reconstrucción de la cultura organizativa.

Por tanto, no resulta posible lograr la mejora escolar mediante la suma coordinada de individualidades por muy excepcionales que pudieran ser. Lo que no quiere decir, que la excepcionalidad docente de los profesores y profesoras como individuos, no sea el mejor punto de partida para la capacitación del equipo. El equipo educativo no es una suma de individuos sino una realidad organizativa construida en la interacciones de carácter profesional entre sus miembros. Es a ésta realidad construida a la que se dirige la acción formativa. Ni que decir tiene que la capacitación del equipo se convierte en un escenario privilegiado para el desarrollo profesional de cada uno de los docentes.

∗ ∗ ∗

Lo que hemos aprendido

1 La profesión educativa se caracteriza por su función social, su dimensión práctica, su naturaleza artística y la existencia de una comunidad profesional que sustenta el conocimiento educativo.

2 La profesionalización educativa encuentra límites en los efectos de la regulación de la práctica y la racionalidad del mercado.

3 Las nuevas políticas formativas pretenden que el profesional de la educación sea eje clave en la construcción de la sociedad del conocimiento.

4 Los principales cambios detectados en el ejercicio de la docencia y de las profesiones educativas han estado enfocadas en las condiciones laborales, los procesos de selección y contratación, las estrategias de retención y las nuevas funciones encomendadas a los educadores.

5 Los informes basados en estándares se han convertido en una nueva fuente de regulación del desempeño de los profesionales de la educación.

6 Las tendencias en la formación y el desarrollo de los profesionales de la educación se centran en el incremento de la formación inicial, su armonización con la formación permanente, el impulso de su componente profesionalizador y la descentralización de instituciones y programas.

7 La profesionalidad profunda en la actividad formativa reside en el compromiso educativo con el alumno, el conocimiento didáctico de la materia de formación, la reflexividad y la capacidad de trabajo en equipo.

Cuestiones prácticas

1 Confecciona un mapa de la familia profesional de la formación en el que aparezcan todas las ocupaciones laborales del sector con indicación del itinerario de estudios necesario para su desempeño y el nivel de cualificación profesional que le corresponde. Para establecer el nivel de cualificación usa el Marco Europeo de Cualificaciones Profesionales o cualquier otro marco que sea pueda servir de referencia.

2 Describe la ocupación laboral dentro del sector educativo a la que te dedicas o quieres dedicarte en el futuro y analiza la formación complementaria que precisas para certificar tu competencia y asegurar un buen desempeño profesional. Discute en grupo los itinerarios de formación complementaria que necesitas y completa tu reflexión con las propuestas de otros colegas.

Cuestiones de indagación

1 Realiza un análisis del estado de la profesión educativa en tu país o región. Recopila datos estadísticos sobre el número de docentes y otros profesionales que se dedican a la formación, la edad media de los profesionales, las previsiones de jubilación y reposición de plantillas en los próximos años, las oportunidades de incorporación al sector, el gasto público y privado que se dedica a la formación, su evolución en los últimos 15 años y la previsión de evolución para los próximos 5 años.

2 Revisa los informes de la OCDE sobre el panorama de la educación en tu país o región. Extrae las recomendaciones referidas a los profesionales de la educación. Compara esas recomendaciones con otros informes internacionales (Euridyce, Thalis, OEI, UNESCO, Preal...) y señala coincidencias y discrepancias. Redacta un breve ensayo sobre la conveniencia de esas recomendaciones y sus consecuencias en tu zona de referencia. Revisa voces y argumentos críticos y discute las distintas posiciones. Presenta algunas conclusiones fundamentadas de tu revisión.

CAPÍTULO 3

Ciclos y modelos de formación y desarrollo

1. Ciclos en el desarrollo de los profesionales de la educación

Mi maestro, Pedro de Vicente, buscaba para mí una responsabilidad concreta en la primera investigación de calado en la que me incorporaba como investigador junior, allá por 1990. Se trataba del estudio etnográfico de un Centro escolar en el que se experimentaba el ciclo de reflexión de Smith (1991), provocando el diálogo cooperativo entre los más de 50 docentes de la institución. El informe de esta, mi primera, investigación fue publicado en un libro titulado "El profesor como práctico reflexivo en una cultura de colaboración" en el año 1992. De Vicente me asignó la responsabilidad de analizar las más de 200 entrevistas biográfico-narrativas y conversaciones reflexivas entre equipos de docentes, buscando aquellos atributos personales y profesionales vertidos en las narraciones que indicaran diferencias de perspectivas debidas a la edad de los docentes y a sus años de experiencia en la enseñanza. En ello me centré y pude presentar un informe que desvelaba las diferencias en la visión de la profesión y en el tipo d relaciones con alumnos, colegas, directivos, que mantenían los profesores, en función de su ciclo de vida. Había entrado de lleno en la línea de investigación sobre ciclos de vida profesional en la que, posteriormente, realicé mi tesis doctoral y las revisiones teóricas e investigaciones sucesivas, de las que conocí algunos de los planteamientos sobre la carrera profesional y los modelos de formación y desarrollo que presento en este capítulo.

1.1. Estadios en el desarrollo profesional

El desarrollo del profesional de la educación no es más que un proceso de desarrollo de adulto, con todo lo que ello implica. Diversos estudios clásicos (Fuller y Bown, 1975; Burden, 1980, 1990), se han ocupado de ello centrándose en distintas características de la madurez que evolucionan con el tiempo y la experiencia. Algunos examinan la naturaleza y evolución de las preocupaciones profesionales durante el proceso de aprender a enseñar o llegar a ser un profesor a través de la experiencia.

Fuller y Bown (1975) recogen estas preocupaciones en un desarrollo secuencial de tres estadios: (a) fase previa al ejercicio de la docencia caracterizada por la ausencia de preocupaciones profesionales. Los profesores están más identificados con los alumnos que con los docentes; (b) fase temprana de ejercicio de la docencia caracterizada por las preocupaciones profesionales del profesor acerca de sí mismo, preocupación por la *supervivencia* en clase, por la disciplina y por el dominio de la materia; (c) fase de enfoque de las preocupaciones profesionales en los alumnos. Preocupaciones acerca de los problemas del ejercicio de la enseñanza y sus posibles soluciones.

Burden (1980) señala, a partir de un trabajo empírico, tres estadios de preocupaciones en la carrera de la enseñanza: (a) *estadio de supervivencia* que transcurre durante el primer año de docencia, en el que los profesores informan de su limitado conocimiento acerca de las actividades escolares y su falta de confianza para probar nuevos métodos de enseñanza. (b) *estadio de regulación* que transcurre entre el segundo y el cuarto año de enseñanza en el que los profesores declaran que han aprendido bastante acerca de la planificación y organización de la clase, el currículum y los métodos de enseñanza, y que han ganado confianza en sí mismos. (c) *estadio de madurez* que empieza a partir del quinto año de docencia en el que los profesores se sienten seguros de la gestión de la enseñanza y comprenden mejor la profesión por dentro.

El trabajo longitudinal de Nias (1989) sobre una amplia muestra de profesores y profesoras británicos de enseñanza primaria, le ha permitido señalar las siguientes fases de desarrollo en función de las preocupaciones profesionales de los docentes: (a) *preocupación por sobrevivir (iniciación).* El control de la clase y el dominio de la materia ofrecen las mayores dificultades para los profesores durante este período. (b) *búsqueda de sí mismo (identificación).* La preocupación por la supervivencia deja paso, a partir del segundo año de docencia, a la preocupación por el cumplimiento total de las obligaciones ocupacionales que le hacen sentirse verdaderamente un profesor, al individuo. (c) *preocupación por las tareas (consolidación).* Aquellos profesores que han consolidado su proceso de identificación profesional, comienzan a percibir una preocupación prioritaria por mejorar la ejecución de las tareas de clase. (d) *preocupación por el impacto.* A partir de los siete o nueve años de experiencia, los profesores declaran experimentar una preocupación por implicarse en la enseñanza más allá del trabajo que se limita al aula. Es decir, quieren asumir compromisos y responsabilidades en la gestión del Centro o en otros estamentos de la administración educativa.

El trabajo de Oja (1995) ofrece una perspectiva del crecimiento del profesor que facilite la planificación de su formación y el desarrollo organizativo en las escuelas. Asume en sus supuestos teóricos que cada estadio de desarrollo cognitivo implica más madurez que el anterior y que algunos profesores pueden estabilizarse en ciertos estadios. La esencia del desarrollo, además, está en la base del esfuerzo por perfeccionarse, integrarse y dar sentido a la propia experiencia. El desarrollo ocurre mediante una secuencia de pasos en un continuo de creciente diferenciación y complejidad. Cada estadio llega a constituir una lógica interna que mantiene la estabilidad e identidad del "yo" y sirve de marco de referencia que estructura la propia experiencia del mundo desde la cual se percibe cada fenómeno. Las características de los sucesivos estadios son descritas por Oja en términos de autocontrol de los impulsos, estilo interpersonal, preocupación consciente, y estilo cognitivo, por lo que estos estadios pueden ser comparados con los niveles de juicio moral estudiados en el epígrafe anterior. Su propuesta concreta se configura mediante una estructura de seis estadios de desarrollo cognitivo:

(a) *Autoprotección.* Los adultos controlan sus impulsos. Se usan las reglas sociales en beneficio propio. La principal regla de autoprotección del individuo es "no quedes atrapado" . Se mantienen relaciones interpersonales manipulativas y exploratorias.

(b) *Conformismo.* Se obedecen las reglas porque se pertenece al grupo. La conducta es vista en términos de acciones externas y eventos concretos, antes que sentimientos y motivos internos. Las emociones personales son expresadas a través de clichés, estereotipos, y juicios morales. Preocupa la apariencia, la aceptación social y la reputación.

(c) *Transición al autoconocimiento.* Aumenta el autoconocimiento y se abren multitud de posibilidades, alternativas y opciones en la resolución de problemas. Aumenta la capacidad de introspección. El crecimiento en la autoconfidencia y la autoevaluación respecto a normas internas comienza a sustituir a las normas del grupo y sus guías de conducta.

(d) *Conciencia.* Se es capaz de la autocrítica. También de la autovaloración de objetivos e ideas y un sentido de responsabilidad. Las reglas son interiorizadas. La conducta es contemplada en términos de sentimientos, modelos y motivos más que de simples acciones. La mejora, especialmente cuando puede ser medida por normas autoelegidas, es crucial. Se está preocupado por las obligaciones, privilegios, derechos, ideales y mejora, todo definido más por normas internas y menos por reconocimiento o aceptación externa.

(e) *Individualismo.* Sentimiento de individualidad sobre todo si se asocia a un conocimiento, puesto de relieve, de la dependencia emocional de los otros. Aumenta la habilidad para tolerar relaciones complejas y contradictorias entre eventos. Hay gran complejidad en la conceptualización de las interacciones personales. Las relaciones interpersonales son altamente valoradas.

(f) *Autonomía.* Capacidad para tolerar y hacer frente a los conflictos internos que surgen de percepciones, necesidades, ideales y dudas conflictivas. Se es capaz de unir ideas que parecen ambiguas u opciones incompatibles. El reconocimiento de las necesidad de autonomía de los demás permite la tolerancia a las elecciones y soluciones de los otros y el derecho a aprender de sus propias equivocaciones. Los límites de la autonomía se establecen en la coherencia, la interdependencia mutua y la alta valoración de las relaciones interpersonales.

Por su parte Leithwood (1992), cuyo trabajo se centró en las fases de desarrollo profesional de profesores que ocupan cargos directivos en el Centro, nos ofrece un modelo de integración del desarrollo psicológico, el desarrollo profesional y los ciclos de la carrera docente:

(i) *Inicio de la carrera.* Los primeros años.

(ii) *Estabilización.* Adquisición de compromisos y mayor responsabilidad.

(iii) *Nuevos desafíos y preocupaciones.* Diversificación y búsqueda de responsabilidades añadidas.

(iv) *Búsqueda de una plataforma profesional.* Reevaluación, toma de consciencia de la propia madurez o envejecimiento, estancamiento.

(v) *Preparación para la jubilación.* Distanciamiento y serenidad.

Lo atractivo de su modelo es que estudia la influencia de cada ciclo y de cada fase de desarrollo psicológico, en un grado de maestría o "saber hacer" profesional que avanza desde una primera situación de la preocupación exclusiva por la supervivencia, a una máximo nivel de profesionalidad caracterizado por la participación en decisiones educativas de amplio calado para el Centro o el sistema educativo.

Una parte fundamental de la teoría del cambio educativo destaca la dimensión personal o el potencial humano de la personalidad de los profesores. Así se rompe la posible linealidad de los modelos de ciclos vitales, al incluir factores motivadores como las necesidades y las aspiraciones, que influyen en el crecimiento profesional y redirigen la tendencia general que pudiera estar marcada por el proceso que nadie discute de evolución provocada por la acumulación de experiencia y la progresiva madurez del profesor. Desde su perspectiva, el propio modelo de ciclos propuesto por Leithwood (1992) que identifica determinadas cuestiones críticas en distintas fases del desarrollo del profesor, alcanzaría una dimensión distinta en cada profesor en función de factores de motivación personal.

Por otra parte las advertencias sobre la no linealidad de la carrera de la enseñanza, aún admitiendo que la edad es la variable determinante, son recogidas por Huberman (1989), cuyo modelo comentamos más adelante, quien considera además de la edad una multitud de variables no madurativas (no fisiológicas) que afectan a los individuos a lo largo de toda su vida. Argumenta Huberman que la organización de la vida social crea expectativas que son interiorizadas y actúan como si sólo fueran factores psicológicos. Por ello, cada nueva fase en una secuencia es siempre indeterminada y la mezcla de los componentes es siempre diferente para los diferentes individuos. Esta perspectiva ha sido defendida desde la sociología dando origen a la teoría del *rol de la edad*, ofreciendo una explicación sociológica al hecho de la interiorización de una serie de atribuciones sobre los roles adultos que se corresponden con determinadas edades.

Aún aceptando las presiones sociales en la configuración de la carrera del profesor y la importancia de las vivencias previas al inicio de la carrera como las de socialización temprana o los aspectos vocacionales y referidos a la formación inicial, o incluso el período de inducción y socialización en la carrera profesional, las teorías de los ciclos vitales pretenden huir de formulaciones que pudieran abanderarse desde posiciones funcionalistas y perversamente deterministas, que dejaran vacío el concepto de *carrera* de los procesos de construcción personal y realización personal del profesor, que en definitiva, son los que le dan sentido.

Los modelos que hemos presentado sobre fases en el desarrollo del profesor tratan de integrar tanto aspectos de la carrera como otras dimensiones de su evolución personal.

1.2. Fases en la carrera

De entre los posibles modelos de ciclos vitales centrados en la experiencia del docente, seleccionamos el de Huberman (Huberman 1989 y Huberman y otros 1997) como el más representativo -el que más eco ha alcanzado- de esta tendencia. El trabajo de Huberman parte de los siguientes cuatro supuestos básicos de investigación sobre la carrera de los profesores: (a) es necesario evitar la determinación previa que supone el utilizar un sólo enfoque en la investigación, sea éste el evolutivo, el social o el cultural; (b) es preciso verificar que las respuestas iguales que ofrecen los profesores en la entrevistas biográficas, ante situaciones análogas, lo son realmente; (c) se requiere escuchar al profesor que habla, entrar en su perspectiva, manteniendo la distancia con la información previa que tenemos sobre el desarrollo de su carrera; (d) se debería acotar razonablemente el grado de generalización de los resultados de la investigación, en orden a ofrecer modelos comunes de ciclos vitales en el desarrollo profesional de los profesores.

Los ciclos de carrera que caracteriza Huberman a partir de su trabajo empírico, que recogemos en el gráfico, son los siguientes:

(a) *Inicio de la carrera.* El primer ciclo que transcurre durante los tres primeros años de ejercicio profesional es bastante parecido en la mayoría de los profesores. Se caracteriza por los procesos inherentes al inicio de la carrera (inducción y socialización profesional) y está concebido como un período de tanteo por el profesor. Se trata de un período de supervivencia marcado por el "choque" que supone la confrontación inicial con la complejidad de la situación profesional y las dificultades que supone el orden de la gestión de la instrucción - sobre todo a nivel de disciplina de los alumnos-. También se caracteriza este ciclo por el Entusiasmo que supone el descubrimiento de la enseñanza, la incorporación al mundo adulto y la integración en un colectivo profesional y la satisfacción que representa la exploración y el descubrimiento del nuevo marco social que representa la escuela para el profesor novel.

(b) *Estabilización.* Un segundo ciclo entre los 4 y los 6 años de experiencia está marcado por la estabilización y la consolidación de un repertorio pedagógico y, más allá de eso, la construcción de una identidad profesional que supone la afirmación del sí-mismo del profesor. Estabilizarse no es otra cosa que lograr grados de autonomía en el ejercicio profesional, encontrar un modo propio de funcionamiento en el seno de la clase. Esta estabilización lleva aparejado un sentimiento creciente de maestría pedagógica. Se traslada la preocupación por la propia supervivencia a los resultados de la enseñanza. El profesor se percibe a sí mismo como un igual dentro del colectivo de la enseñanza y adopta la decisión de dedicarse por un período dilatado de tiempo a la profesión docente.

(c) *Diversificación o Cuestionamiento.* El tercer ciclo de la carrera profesional, entre los 7 y los 25 años de experiencia, puede estar marcado bien por una actitud general de diversificación, cambio y activismo, bien por una actitud de replanteamiento lleno de interrogantes a mitad de la carrera -no se trata, pues, de un ciclo homogéneo en el que resulte fácil caracterizar el pensamiento y la conducta profesional del docente-. La actitud general de diversificación está referida a la actividad, en la que se implican muchos profesores, de experimentación de nuevas metodologías, materiales, formas de evaluación, u otros aspectos instructivos. Se trata de una actitud de innovación y cambio del repertorio pedagógico acumulado durante el ciclo anterior. En algunos casos, tras esta fase de diversificación, justo cuando se vive el período crítico de la mitad de la carrera -y la mitad de la vida-, hacia los cuarenta años de edad, puede aparecer en el docente una actitud de autoevaluación y replanteamiento del futuro personal en la enseñanza.

(d) *Serenidad o Conservadurismo.* Durante el cuarto ciclo, entre los 25 y 35 años de experiencia, se llega a una *meseta* en el desarrollo de la carrera, o período de relativa tranquilidad y equilibrio que supone además, la máxima cota de profesionalidad que va a vivir el profesor. Esta situación puede derivar en una actitud de serenidad y distanciamiento afectivo y menor vulnerabilidad de su imagen profesional y de la evaluación de sus colegas, o con una fuerte dosis de conservadurismo como la característica más visible del comportamiento profesional (estancamiento provocado por su propia maestría profesional y la desconfianza hacia los cambios propuestos desde la política educativa).

(e) *Preparación a la jubilación.* Un quinto y último ciclo de la carrera profesional, se desarrolla entre los 35 y los 40 años de experiencia.

Esta etapa está fuertemente marcada por la preparación para la jubilación y el progresivo abandono de las responsabilidades profesionales: el abandono, la retirada (que puede ser serena o amarga).

Day y otros (2007), inspirados en el Modelo de desarrollo de Huberman, desarrollan sus investigaciones para generar un modelo de desarrollo centrado en los años de experiencia docente y estableciendo seis fases:

(a) *Primer compromiso.* Fase entre los 0 y 3 años de experiencia enfocado al conocimiento de la profesión para su desempeño eficaz.

(b) *Identificación.* Fase entre los 4 y 7 años de experiencia centrada en el logro de la eficacia en la profesión y logrando el primer estadio de conformación de una identidad docente reconocible por el entorno.

(c) *Transición.* Fase entre los 8 y 15 años de experiencia de toma de decisiones sobre el futuro de la carrera que se vive con un fuerte compromiso institucional o con la aparición de las primeras señales de indiferencia y pérdida de motivación.

(d) *Tensión.* Fase que transcurre entre los 16 y 23 años experiencia en los que se agudizan las tensiones entre las exigencias profesionales y las exigencias de la vida familiar y otras exigencias sociales que obligan al docente a guardar un equilibrio inestables.

(e) *Desafío.* Fase que transcurre entre los 24 y 30 años de experiencia donde surge la necesidad de enfrentar fuertes retos para mantener la motivación profesional.

(f) *Descenso.* Fase de preparación para la jubilación que para la mayoría de los docente implica una fuerte pérdida de motivación y compromiso institucional.

1.3. Ciclos de vida profesional

Levinson (1978, 1996) inició su investigación sin presupuestos conceptuales previos aunque derivó algunas conclusiones de pretendido alcance universal/generacional. Su teoría es, ante todo, una vía de pensamiento sobre la evolución de la estructura de vida individual a través del ciclo de vida y no solo una conjunto de hallazgos empíricos.

Ofrece una perspectiva coherente de interrelación de diversos conceptos implicados en el estudio de las vidas y proporciona los escalones iniciales en el marco de una nueva área de investigación proporcionando los soportes conceptuales para estudiar el desarrollo adulto.

Este estudio sobre los ciclos de desarrollo adulto, se ha convertido en clásico, muy influyente en los ciclos de vida de los profesores (Sikes, 1985; Fernández Cruz, 1995, 1998). Su teoría incluye los siguientes elementos claves: (a) Los conceptos de *curso de la vida* y *ciclo de vida*, que proporcionan el marco para comprender el desarrollo adulto; (b) El concepto de *estructura de vida individual* que, aunque incluye aspectos de la personalidad y del mundo externo, no se identifica con ninguno de ellos, teniendo un modo distintivo; y (c) Una *concepción del desarrollo adulto*, como evolución de la estructura de vida en la primera y media adultez.

Curso de la vida se refiere descriptivamente al carácter concreto de una vida y a su evolución desde el comienzo al fin. El término "curso" indica secuencia temporal progresiva, como conjunción de estabilidad y cambio, con continuidades y discontinuidades. La idea de *ciclo de vida* quiere ir más allá de la de simple curso de la vida, sugiriendo que hay un orden subyacente al curso de la vida humana y que, aunque cada vida individual es única, pudiera darse una secuencia básica común. Habría, entonces, diferentes fases o estaciones cualitativamente distintas.

Los componentes primarios de la *estructura de la vida*, para Levinson, son las relaciones interpersonales con otros (persona, grupo, institución o cultura, objeto o lugar particular). Estas relaciones tienen fuertes implicaciones en el yo (deseos, valores, compromiso, energía, habilidades), y, a su vez, tienen una estabilidad y cambio a lo largo del tiempo, lo que motiva que cambie la propia estructura de la vida. Por eso, el concepto de "estructura de la vida" requiere examinar la naturaleza de los patrones de relación de un adulto con todos aquellos otros eventos o contextos significativos y su evolución a lo largo de los años.

Levinson concibe el *ciclo de vida* como una secuencia de "*eras*" o *fases*. Cada una tiene su propio carácter psicobiológico, y hace su contribución al todo. Si bien los cambios en la naturaleza de la vida se producen de una a otra, suceden también cambios relevantes en el interior de cada una. En su transición, que generalmente dura cinco años, termina una y comienza otra. La secuencia del ciclo de la vida consiste en una serie segmentada de períodos de *construcción de la estructura* y *cambio de estructura*.

De este modo, Levinson propone un modelo de desarrollo adulto que incluye períodos de relativa *estabilidad* (períodos de construcción de una estructura), interpuestos con períodos de *transición* (períodos de cambio de estructura). Éstos últimos son momentos de cuestionarse y evaluar, así como abrir nuevas posibilidades entre el yo y el mundo. Además, pueden presentar rangos de variaciones, así la transición de los treinta puede comenzar entre los 26 y 29 y acabar entre los 30 y 34 años. Las edades concretas son términos medios de su muestra, que pueden ser variables en individuos concretos o en contextos culturales diferentes. Vamos, pues, a describir el desarrollo adulto según las distintas eras, y dentro de ellas la secuencia de construcción de la estructura de vida y los períodos de transición.

Patricia Sikes (1985), investigadora británica interesada en los estudios sobre la carrera de los profesores publica un informe que resulta ser un excepcional ejemplo de uso de datos sobre el transcurso de la carrera profesional que nosotros usamos posteriormente (Fernández Cruz, 1995), basados en la teoría de Levinson, para definir cinco las fases de desarrollo concebidas como ciclos en la vida del hombre las que se usan para el análisis de la vida profesional del profesor, desde el inicio de la carrera a la jubilación, delimitadas por grupos de edad cronológica que se construyen en torno a tres períodos de transición en la vida de los adultos.

(a)   un primer ciclo de edad comprendido entre los 21 y los 28 años de edad, que marca el inicio de la carrera de los profesores y que se caracteriza por suponer el ingreso en el mundo adulto;

(b)   un segundo ciclo, entre los 28 y los 33 años de edad caracterizado por la transición de los treinta y el sentimiento de urgencia en lo personal que supone para los docentes;

(c)   un tercer ciclo entre los 30 y 40 años de edad, que se define por la energía, el compromiso y el grado de implicación profesional que puede desarrollarse a esta edad;

(d)   un cuarto ciclo que agrupa a los profesores de entre 40 y 50 o 55 años de edad, que se caracteriza por las máximas posibilidades de desarrollo profesional; y

(e)   un último ciclo, entre los 50 o 55 años y la jubilación, de un marcado declive fisiológico que tiene su correspondencia en el ejercicio de la profesión.

2. Modelos de formación y desarrollo profesional

La necesidad de reducir y representar de manera esquemática, para su estudio, la serie de procesos y sus relaciones que están implicados en la formación y el desarrollo profesional mediante sistemas paradigmáticos diferenciadores de enfoques, supuestos, finalidades y estrategias, sobre la base de las teorías del cambio personal y en función del conocimiento acumulado por la investigación y la práctica institucionalizada en los sistemas educativos, nos ha llevado a establecer, fundamentar, usar y refinar un sistema de modelos que aquí presentamos. Somos conscientes de las dificultades inherentes al discurso sobre modelos que vamos a reflejar a continuación. Pero, valoramos, en mayor medida, la ventaja que ofrecen para un acercamiento de los formadores de profesionales de la educación al estudio del desarrollo e, incluso, para una comprensión, por los miembros de la comunidad educativa, por las administraciones educativas, del complejo ámbito de la práctica formativa.

Tal y como señaló Ferreres (1992), al hablar de modelos deberemos tener presente que deben considerarse: (a) *Abiertos*, capaces de interactuar con el medio; (b) *Flexibles*, capaces de adaptación y acomodación a diferentes situaciones; (c) *Dinámicos*, capaces de establecer diferentes tipos de relaciones; y (d) *Probabilísticos*, capaces de poder actuar con unos márgenes de error o éxito aceptables, y con cierto nivel de confianza.

La principal dificultad del uso de modelos se debe al método de clasificación que se usa para su caracterización. Se supone que cada clasificación que se ofrece de modelos de desarrollo profesional pretende la caracterización de programas, estrategias y modalidades en función de una variable diferenciadora en torno a la cuál se estructura el resto de componentes del modelo. Las variables más frecuentemente empleadas han sido:

(a) La tarea formativa central que desencadena el desarrollo. Así podemos hablar de modelos de desarrollo profesional docente centrados en la reflexión o deliberación, la evaluación, la innovación, la indagación, o el entrenamiento.

(b) La naturaleza del agrupamiento docente. Ahora podemos hablar de modelo de desarrollo profesional individual, colaborativo (en grupos integrados por docentes del mismo centro educativo para desarrollar una formación contextualizada -INSET-), o cooperativo (grupos de docentes que cooperan y no pertenecen necesariamente al mismo centro puesto que la actividad formativa no se circunscribe a la realidad educativa de un centro determinado –ONSET-).

(c) El origen y el contexto de la demanda formativa. Que permite diferenciar entre modelo de desarrollo centrado en la institucionalización de un cambio (cuyo origen está en la administración y cuyo contexto es todo el sistema educativo), modelo de desarrollo centrado en la escuela o de mejora escolar (cuyo origen y contextualización está en un centro educativo), o modelo de desarrollo centrado en el aula (cuyo origen está en un docente y su contextualización en un aula).

(d) La existencia de asesoramiento experto. Que caracteriza al modelo de desarrollo autónomo (sin asesoramiento), al modelo de desarrollo profesional basado en el apoyo mutuo, y a los diversos modelos basados en la supervisión y el asesoramiento experto.

Nosotros vamos a optar por presentar como modelos aquellas acciones, modalidades o programas de desarrollo que han alcanzado cierto estatus de reconocimiento diferenciado entre los docentes de nuestro país y que permiten comprender el cambio docente desde sus referencias curriculares e institucionales (Fernández Cruz, 2006). Por ello vamos a tratar, sin ánimo de ser exhaustivos, los que aparecen en el siguiente cuadro.

Propuesta de modelos de desarrollo profesional

---

* Modelo de formación y desarrollo profesional autónomo

* Modelo de formación y desarrollo basado en itinerarios formativos

* Modelo de formación y desarrollo basado en el aprendizaje profesional
  cooperativo

* Modelo de formación y desarrollo basado en la reflexión

* Modelo de formación y desarrollo basado en la mejora educativa

* Modelo de formación y desarrollo basado en la indagación

Se observará que los modelos no son excluyentes. La reflexión puede ser cooperativa y estar enfocada a la mejora educativa. La indagación debe seguir un proceso reflexivo. La mejora educativa implica cooperación, reflexión e indagación. El desarrollo autónomo es compatible y complementario con el resto de modelos. La decisión de erigirlos en modelos separados tiene más que ver con la tarea central que desencadena el aprendizaje –aunque necesite para su realización de la concurrencia de otras acciones formativas- y, sobre todo, con su concreción e identificación con propuestas específicas reconocibles en nuestro contexto y fundamentadas en nuestra experiencia formativa más cercana.

2.1. Modelo de formación y desarrollo profesional autónomo

El modelo guiado individualmente se apoya en la capacidad que tienen los profesionales de la educación para aprender por sí mismos, desde las lecturas de publicaciones especializadas, de la discusión con colegas y de su propia experiencia con nuevas estrategias y práctica de intervención educativa. Y todo ello ocurre sin la existencia de un programa formal de formación. Pero es posible crear programas que promuevan las acciones de autoformación individual de los profesionales de la educación.

Los presupuestos en que se apoya el modelo son los siguientes: el profesional de la educación es capaz de autodirigirse y de iniciar y fomentar su propio aprendizaje; puede también juzgar, mejor que otros, sus propias necesidades de aprendizaje; los profesionales, en cuanto adultos que son, aprenden de forma más eficiente si son ellos los que planifican sus actividades de aprendizaje, más que si emplean su tiempo en actividades diseñadas por otros que siempre serán menos relevantes; si son los propios profesionales quienes seleccionan sus metas de aprendizaje, de acuerdo con sus necesidades, estarán más motivados para implicarse en actividades formativas.

El nivel de complejidad del modelo es muy variado. Desde la simple lectura de un artículo en una revista relacionado con el tópico por el que se interesa, la asistencia a talleres o seminarios y similares, a la realización de otras actividades más complejas, como el diseño y realización de proyectos profesionales especiales apoyados o no por estímulos incentivadores. Sobre todo ello parece que existen indicadores que apuntan a que se pueden capacitar a los profesionales para que dirijan sus propios procesos de formación y desarrollo, creen un sentido de profesionalismo y ganen en estimulación intelectual.

El aprendizaje autónomo, tras la formación inicial, durante el transcurso de la carrera es una manera clásica de desarrollo en las profesiones liberales. El nivel intelectual de los profesionales, sus inquietudes culturales, el conocimiento de los procesos formativos que les proporciona, aunque sólo sea, su experiencia como estudiantes durante buena parte de su vida, en principio, les otorga una capacidad suficiente para orientar su propio desarrollo y seguir actividades de formación continua libremente elegidas en función, tanto de las necesidades de mejora de su desempeño profesional y de sus aspiraciones de crecimiento y promoción, como también de sus preocupaciones intelectuales. Las profesiones educativas, pueden constituir un caso paradigmático en este modelo. Son los propios expertos en formación quienes asumen la orientación de su propia formación continua. El modelo plantea acciones para el desarrollo profesional encaminadas a resolver, a veces, discrepancias entre las estructuras organizativas y sus objetivos educativos, y promoviendo cambios personales e institucionales.

Se trata, por tanto, de un modelo de desarrollo ampliamente generalizado en educación que, indudablemente, se puede apoyar y optimizar desde las instituciones formativas. Está generalizado tanto por sus virtualidades como por la ausencia de otras alternativas para el desarrollo. Entre sus virtualidades es necesario destacar, la diversidad temática que agota todos los tópicos de posible interés para el docente, la libertad de elección, y por tanto, la adecuación de la actividad formativa a las necesidades de desarrollo autopercibidas, la motivación intrínseca que lleva a los profesionales a acercarse a conferencias, jornadas, libros o revistas de divulgación, y la sensación percibida de que el esfuerzo formativo tiene una clara compensación en el desarrollo personal logrado.

Es preciso señalar que el desarrollo autónomo no es necesariamente individual. Excepto en el caso de las lecturas específicas, la asistencia a cursos o cualquier otra clase de actividad formativa implica la relación social con otros docentes u otros miembros de la comunidad educativa, que integran grupos, a veces, de discusión y debate, cuya diversidad de procedencia, de contextos socioprofesionales de referencia y de enfoque sobre la problemática de la educación, supone una verdadera riqueza para el aprendizaje profesional.

El desarrollo profesional autónomo es, por tanto, necesario para la generación de determinadas estructuras conceptuales, identificatorias y culturales que, de otro modo, no se podrían lograr. Se entiende que se trata de un modelo de desarrollo virtualmente potente por cuanto incrementa la curiosidad del profesional acerca de la dinámica de su práctica y permite mantener un diálogo con otros compañeros que sirve de contrapunto a la experiencia cotidiana de la actividad educativa.

Lo anterior no significa que deje de presentar determinadas limitaciones sobre las que debemos reflexionar.

Primero, el impacto del desarrollo en la mejora de la educación y de las escuelas no es inmediato por cuanto, precisamente, la falta de concreciones contextuales y la desconexión con el grupo natural de colegas que tiene que decidir sobre los cambios educativos, dificulta la adopción de cambios significativos en la educación, al menos, a corto plazo.

Segundo, la naturaleza, precisamente, *mercantilista* del mercado de trabajo origina determinadas disfunciones. Una, es la propia orientación ideológica de las instituciones formativas o editoriales la que domina sobre los intereses del profesorado; otra, la propia dinámica presupuestaria de las instituciones y la búsqueda de *audiencia* prioriza los objetivos de éxito económico sobre los objetivos de relevancia formativa.

Tercero, la sobresaturación de la oferta formativa ha llevado a una cierta insensibilidad ante el reclamo, seguida de una desconfianza de los profesionales hacia el mérito de la propuesta. Unas veces, porque la oferta pasa inadvertida para el grupo destinatario, bastantes veces, porque tras un programa atractivo se esconden las mismas acciones, con los mismos contenidos y los mismos ponentes de siempre, el hecho es que a los profesionales les es cada día más difícil discriminar entre la oferta y acertar con la actividad formativa que se acerca a sus intereses personales.

Cuarto, ya hemos advertido cómo la desinstitucionalización de la oferta puede afectar a la falta de orientación reflexiva en el debate intelectual sobre la enseñanza que necesita el sistema educativo.

Estas dificultades que presenta el modelo de formación y desarrollo profesional autónomo para convertirse en un modelo potente de mejora profesional pueden subsanarse de dos maneras. De una parte, integrando en los dispositivos de formación permanente un sistema de orientación para el desarrollo de la carrera que podría activarse desde los propios Centros de profesorado u otras estructuras pedagógicas y que aprovechara la figura del asesor, como experto en formación, para asesorar a los profesionales de la educación sobre la oferta formativa. Ahí podría aprovecharse todo la experiencia acumulada en el ámbito de educación en la carrera para integrar, dentro de la formación inicial docente, las herramientas intelectuales que permitieran a los docentes orientar su formación continua y utilizar los recursos de orientación y asesoramiento de que dispusieran los Centros de Profesorado. De otra parte, la oferta formativa institucionalizada podría dotarse de una cierta estructura que le diera la coherencia de que ahora carece. Es necesario comprender, como señala Marcelo (1994), que esta forma de desarrollo es seguida por el profesorado que no encuentra en el resto de la oferta formativa satisfacción a sus necesidades de crecimiento personal y profesional. Por ello es necesario optimizar este enfoque desde los parámetros a los que antes hemos aludido.

2.2. Modelo de formación y desarrollo basado en itinerarios formativos

La necesidad de salvar las dificultades propias del modelo de desarrollo autónomo ha ido orientado la emergencia de nuevas propuestas para el desarrollo profesional que, aprovechando las ventajas de la autodirección del desarrollo, incluyan una estructura de coherencia, adaptación a las necesidades reales percibidas por los profesionales y seguimiento del impacto, en la educación y en la escuela, de las actividades formativas. En este sentido ya planteamos (Fernández Cruz, 2005) la necesidad de diseñar programas personalizados para el desarrollo profesional, manejando cuatro criterios: atender a la necesidades docentes que se derivan de su situación profesional concreta; atender las necesidades derivadas del desempeño de la docencia; ajustar la oferta formativa al origen y las características de la demanda; proporcionar el tipo de actividades que requieren los participantes.

De alguna manera estamos reflexionando sobre la necesidad de definir grupos de destinatarios de la formación en base a su desempeño profesional, pero en base, también a su situación personal en el transcurso de la carrera, las necesidades derivadas de condiciones personales, de compromisos adquiridos, de funciones ejercidas, etc. Planteamientos de este género son los que han ido llevando a perfilar una propuesta alternativa al desarrollo profesional autónomo, mediante la consideración de itinerarios formativos especializados para el desarrollo. En esencia, no se trata sólo de modificar la oferta formativa, fortaleciendo las relaciones entre distintas acciones propuestas, delimitando con precisión los grupos destinatarios y orientando a los profesionales sobre el mejor itinerario.

Más allá de eso, se espera conocer el impacto en las personas de la oferta formativa para poder regularla desde la perspectiva de su interés profesional. Se espera así, que el impacto en la mejora profesional sea mucho más fuerte, sin necesidad de alterar otros aspectos –políticos o presupuestarios- del mercado de la formación. A todo lo anterior ha venido a sumarse el ámbito de reflexión, igualmente emergente, de la vida de los docentes y la necesidad de inscribir el desarrollo en el marco funcional e interpretativo de su historia de vida y de su trayectoria profesional. Como afirmamos en otro lugar (Domingo y Fernández Cruz, 1999) inscribir la formación desde una perspectiva longitudinal (ciclo de vida en que se encuentra y lo que ha sido y será su carrera profesional) nos lleva a reconceptualizar e insertar la formación en el continuo de la trayectoria profesional. Y esto tendría dos dimensiones.

Reconocemos que la vida es el lugar de la formación, y el relato biográfico el terreno sobre el que se construye la formación. Ésta no puede construirse sin hacer referencia explícita a la manera en como un adulto vive las situaciones concretas de su propio recorrido educativo. Se trata, en todos estos casos, de considerar al profesional como capaz de orientar su vida, a partir de la asunción de los determinantes de su propia historia de vida y su transformación en proyecto existencial inscrito socialmente.

Pero frente a un desarrollo descontextualizado, optamos por una continuidad de los procesos formativos, enraizados en la vida y persona del profesorado y en su institución educativa de referencia. Justamente la aproximación que hemos hecho a fases y los ciclos de vida profesional posibilita indagar cómo cada estadio afecta al propio proceso de desarrollo profesional y qué acciones, elementos y dimensiones formativas podrían ser adecuadas a las diversas situaciones, fases, sensibilidades, necesidades y contextos profesionales.

En lugar de un análisis de necesidades, que sólo conduce a descubrir aquellas lagunas en la formación del sujeto, que legitimen las acciones formativas previamente planificadas; se invierte la relación para reconocer los conocimientos adquiridos, mediante -historias de vida, ciclos de vida o, más ampliamente, enfoque biográfico- un inventario de sus experiencias, saberes y competencias. La formación del profesional es, entonces, un proceso de desarrollo personal, en relación de continuidad con sus sucesos y experiencia anteriores, y no de ruptura, que permitan una reapropiación crítica para las nuevas situaciones.

Un enfoque (auto)biográfico-narrativo de la formación del profesorado provee nuevos modos de pensar la formación permanente. En función del ciclo de vida y biografía se pretende indagar las posibles trayectorias formativas. En un concepto que compartimos, Marcelo (1994) entiende por *trayectoria formativa* de los profesores la *"relación necesaria que cabe establecer entre las demandas de cada una de las diferentes etapas por las que pasan los profesores, y las ofertas formativas adecuadas a estas necesidades"* (pág.20). Parece, entonces, que las posibles ofertas de formación institucionales debieran poder ser congruentes con las necesidades de los profesores, de acuerdo con su situación personal. Las implicaciones se dirigen -en un esfuerzo sostenido a largo plazo, no una política puntual- tanto a proporcionar dispositivos de formación, como una flexibilización de las opciones formativas, de modo que puedan responder a las demandas de los individuos y grupos, según sus momentos de desarrollo.

Para situar a cada profesional como protagonista por excelencia de su formación podríamos hablar de *microproyectos de autoaprendizaje*, apoyados en su historia formativa y en sus actuaciones profesionales (Domingo y Fernández Cruz, 1999). A su vez, para no entenderlo de modo invididualista, se sitúa la formación en el contexto socio-profesional y educativo donde trabaja; y se concibe en el plano de las acciones colaborativas con los colegas. El cruce interbiográfico de experiencias formativas y trayectorias de vida anteriores de un grupo de profesionales permitiría desarrollar itinerarios profesionales para un grupo. No cabría, por eso, ofrecer fórmulas *homogéneas* para todos los profesionales, si queremos inscribirlas en la trayectoria profesional y ciclo de vida de cada uno de ellos. No obstante, esto ha de ser debidamente situado, para no caer justo en su opuesto: la formación preparada para cada profesional considerado de manera individual, al margen del contexto de trabajo y de las propias prioridades del sistema educativo.

La formación institucionalizada externa debe coexistir y -lo que es más relevante- articularse con la formación instituyente desde los Centros educativos e individuos. A su vez, la necesidad de diversificar las ofertas de formación permanente no debiera entenderse sólo como la oferta amplia de distintas modalidades de formación, ni como un menú a elegir, como ha sucedido en los últimos tiempos; sino más prioritariamente, como la diversificación de los agentes, dispositivos y contextos de la formación y el desarrollo: asociaciones, colegios, movimientos y grupos semi-institucionalizados de profesionales, redes interinstitucionales, etc.

Abocamos desde esta perspectiva al debate sobre cómo articular situaciones de formación y situaciones de trabajo, donde las experiencias y saberes profesionales de la práctica se convierten en el objeto de reflexión, en colaboración con los colegas. Para que la relación teoría y práctica sea fructífera, son las situaciones de trabajo en los contextos adecuados de formación las que articulan el proceso. La formación se instituye en el contexto organizativo de las instituciones educativas, de modo que permitan construir la innovación.

2.3. Modelo de formación y desarrollo basado en el aprendizaje profesional cooperativo

Frente a los modelos de formación y desarrollo que se basan en el interés de las acciones formativas dirigidas por expertos –que dominan hoy el mercado de la formación-, han surgido alternativas formativas que se sustentan en la naturaleza colegial de la profesión y en la potencia del aprendizaje entre iguales como vía para el desarrollo profesional. Alternativas que varían desde el entrenamiento entre colegas, al diálogo deliberativo o al seminario permanente y a los grupos de trabajo y que no tienen que estar necesariamente centradas en la institución educativa como foco del cambio, sino centradas en las características del grupo de aprendizaje (coincidente o no, con el claustro de un Centro) y el objetivo de la formación que cohesiona al grupo e identifica los intereses personales de los participantes.

Fullan (2002) ha tratado el problema de la autonomía y la colaboración entre profesionales en su aprendizaje profesional, sin poner el énfasis sobre ninguna de las dos, sino considerando que esta cuestión ha de conducir a la valoración de las condiciones bajo las cuales cada una pueda ser apropiada. Su propuesta se centra en comprender e influir en la mejora de la práctica y la mejora de las instituciones educativas, identificando y fomentando conexiones sistemáticas entre ambas. En su modelo, considera que para la mejora de la práctica, los profesionales deben trabajar simultáneamente, aunque no al mismo ritmo, sobre cuatro ámbitos: (1) las metas de su intervención; (2) la continua adquisición de estrategias, (3) el desarrollo de destrezas, y (4) y el contenido. La mejora de la institución, por su parte, requiere (1) propósitos compartidos; (2) normas de colegialidad; (3) normas de continua mejora, y (4) estructuras que represente en las condiciones organizativas necesarias para una mejora significativa. Los propósitos compartidos incluyen la visión compartida, la misión, las metas, los objetivos y la unidad de propósito. Las normas de colegialidad se refieren a la extensión en la que el compartir, el asistirse mutuamente, el trabajar juntos los profesionales es valioso en la institución educativa.

La pieza central que sirve de unión entre la mejora de la práctica y la de la institución es el profesional considerado como aprendiz y poseedor de cuatro características que han de ser contempladas en combinación: técnica, reflexiva, indagadora y colaborativa. El dominio de las habilidades técnicas incrementa la certeza instructiva; la práctica reflexiva incrementa la claridad, el significado y la coherencia; la indagación fomenta la investigación y la exploración; la colaboración permite al profesional recibir y dar ideas y asistencia.

En este modelo se utilizan dos herramientas intelectuales formativas esenciales: el *diálogo profesional* como pieza clave para la promoción de un pensamiento divergente y estratégico, y el *entrenamiento cooperativo* que puede centrarse bien en la construcción de un nuevo producto educativo –un programa escolar, un material de enseñanza, un texto-, que es la tarea que unifica esfuerzos y estructura la secuencia formativa que sigue el grupo, bien en la introducción de un cambio en el modelo educativo mediante el apoyo profesional mutuo. De esta forma, todas las estrategias de "*coaching*" entre compañeros cabrían dentro de este modelo de formación y desarrollo.

Caben en este modelo los seminarios permanentes entendidos como una modalidad de trabajo en grupo o equipo profesional que sigue un sistema continuado de autoperfeccionamiento y reflexión desde la práctica educativa y pretenden fomentar el contacto entre profesionales de distintas instituciones implicándolos en un proyecto común de mejora de algún aspecto específico de su ejercicio profesional. Con ellos se logra trascender la excesiva contextualización de otros modelos de desarrollo, fomentar la reflexión y el intercambio de perspectivas y experiencias, y agrupar a los profesionales con intereses comunes en la mejora educativa. Entre los aspectos positivos de esta modalidad formativa citados por Marcelo (1994), cabe destacar el valor de la comunicación horizontal entre iguales y el intercambio de experiencias y materiales. Entre los aspectos negativos el carácter cerrado de los grupos cuyo avance no se disemina entre el resto de profesionales; el hecho de que gran parte de su efectividad depende de la eficacia de quien actúa de coordinador del seminario –una desventaja menor-, junto –lo que es más importante- la falta de hábitos de reflexión y fundamentación teórica de los profesionales que impide la profundización en determinados temas. En la mayoría de ocasiones, los grupos de trabajo autónomos de profesionales tienen un alto valor de autoformación que se caracteriza por la total autonomía en sus actuaciones requiriendo tan sólo apoyo económico y, en algunos casos, seguimiento y asesoramiento puntual en su desarrollo

En los estudios revisados se han descrito hasta cinco formas de aprendizaje cooperativo, que permiten a pequeños grupos de profesionales trabajar juntos para su propio crecimiento profesional:

(1). Diálogo profesional, centrado en la reflexión sobre la práctica y caracterizado por la discusión guiada y la focalización sobre la práctica educativa como pensamiento.

(2). Desarrollo del currículo, preocupado por la producción de materiales y caracterizado por el desarrollo colaborativo usando procesos naturalistas.

(3). Supervisión de compañeros, focalizado en el análisis de la enseñanza, se distingue por la observación de la instrucción, seguida por análisis y retroalimentación.

(4). Preparación de compañeros, centrado en el dominio de habilidades y caracterizado por el desarrollo de habilidades específicas, usualmente basadas en modelos educativos y apoyadas en el desarrollo del personal.

(5). Investigación-acción. Dirigida a la resolución de problemas, se distingue por el desarrollo y ejecución de posibles soluciones a problemas identificados por el profesional.

En cuanto a los programas de formación y desarrollo profesional mutuo o *"coaching"*, De Vicente (1998) ha diferenciado entre tres formas distintas:

(a) El *apoyo técnico*. En esta modalidad se asume que la retroacción se proporciona en situaciones no amenazantes y en un clima de apoyo a los profesionales para transformar el conocimiento adquirido en nuevas prácticas educativas. El profesional mejora su actuación a medida en se le proporcionan nuevos datos sobre su actuación en una relación de apoyo no desafiante.

(b) El *apoyo colaborativo*. Esta modalidad se centra en el diálogo cooperativo como herramienta del aprendizaje, proporcionándose de manera recíproca entre sí, los profesionales, apoyo intelectual mutuo para profundizar en la comprensión de su modelo de desempeño y revisarlo. Los profesionales, además de centrar el aprendizaje en la mejora de la educación, desarrollan nuevos hábitos profesionales relacionados con la colaboración y la reflexión cooperativa.

(c) El *apoyo desafiante*. Es una modalidad de apoyo que se centra, de manera esencial, en la introducción de las modificaciones necesarias en la práctica siguiendo la estrategia de resolución de problemas. La observación entre compañeros y la discusión posterior ayudan a cada profesional a mejorar las modificaciones pretendidas siguiendo el proceso de comunicación colegial, detección de problemas y análisis de su solución, planificación y modificación de la práctica.

Nosotros hemos empleado el apoyo profesional mutuo para la revisión de la enseñanza mezclando la reflexión en gran grupo con la observación y el diálogo entre pares de docentes para provocar el aprendizaje de estrategias de colaboración y la profundización colectiva en los problemas educativos. Su base fundamentante se encuentra en varios supuestos. En primer lugar, la reflexión y el análisis son medios esenciales para el crecimiento profesional y la observación y valoración de la instrucción proporcionan a los profesionales los datos necesarios para que reflexionen sobre su práctica y la analicen para mejorarla. En segundo lugar, la observación de la propia práctica puede ser incrementada con la observación por otros. En tercer lugar, la observación y valoración puede beneficiar no sólo al observado sino también al observador. El profesional se beneficia de la retroalimentación que recibe tras la observación de su actuación. El observador se beneficia de la observación a un colega, de la preparación del 'feedback' y de la discusión de la experiencia común. Finalmente cuando los profesionales ven progresos, resultados positivos en sus esfuerzos de cambio, se encuentran en mejores condiciones para continuar empeñándose en la mejora. Las continuas observaciones y valoraciones que este modelo implica pueden ayudar a los profesionales para que vean el cambio como posible.

El modelo incluye generalmente conferencia de preobservación, observación, análisis de los datos, conferencia de postobservación y, en algunos casos, un análisis del proceso de observación y valoración. En la conferencia de preobservación, se fija el foco de la observación, se seleccionan los métodos de observación y se anotan los problemas específicos. Durante la observación propiamente dicha, se recogen los datos utilizando el proceso acordado en la conferencia de preobservación; el foco puede estar sobre cualquier aspecto del desempeño. El análisis de los datos, que se relacionan con las metas establecidas en la conferencia de preobservación, corresponde tanto al observador como al profesional. En la conferencia de postobservación, el observador y el profesional reflexionan sobre el resultado del análisis de los datos. Se refuerza lo que se encuentra positivo y se sugieren áreas de mejora para las áreas que lo requieran. Finalmente, el análisis del proceso supervisor permite a los participantes reflexionar sobre el proceso de observación/valoración y discutir las modificaciones necesarias para un futuro ciclo de supervisión.

2.4. Modelo de formación y desarrollo basado en la reflexión

Los presupuestos teóricos que fundamenta este modelo son, en primer lugar, que los adultos aprenden más efectivamente cuando sienten una necesidad de resolver un determinado problema. Por otra parte, los profesionales entienden mejor lo que se requiere para mejorar un trabajo cuando la experiencia formativa se encuentra estrechamente ligada a su propio trabajo. Sus experiencias prácticas proporcionan a los profesionales guías para la resolución de problemas.

El objetivo primordial de la formación y el desarrollo profesional no es otro que mejorar la habilidad de los participantes para pensar y reflexionar sobre la educación. Con ello se pretende la transformación de las condiciones en que se desarrolla la práctica educativa actuando sobre todos los factores relevantes –currículum, estructura organizativa, autonomía institucional, relaciones socio-profesionales, relaciones sociales entre los miembros de la comunidad educativa, ...- de manera que los cambios de naturaleza organizativa y curricular vengan sólo a partir de la reconstrucción de la cultura institucional.

Como, evidentemente, no toda la actividad reflexiva cabe analizarla desde los mismos supuestos paradigmáticos, Zeichner y Tabachnick (1991) han establecido cuatro tradiciones alternativas sobre los procesos reflexivos, que representamos en la siguiente tabla, señalando en última instancia la tradición y el foco que caracterizaría a la reflexión colaborativa. Ello no impide que las estrategias concretas que se usan en la práctica del modelo provengan de distintas tradiciones de la reflexión profesional y docente.

Tradiciones y foco de la reflexión

TRADICIÓN	FOCO DE LA REFLEXIÓN
Académica	Representación de la materia para promover su comprensión
De eficiencia social	Uso inteligente de estrategias genéricas sugeridas por la investigación educativa
De desarrollo	El aprendizaje, el desarrollo y la comprensión del alumnado
Reconstruccionista social	Las condiciones sociales de la educación

La fundamentación del modelo llega, en un primer momento, del trabajo de Smyth (1991) –al que nosotros hemos contribuido (Fernández Cruz, 1995), para quien los profesionales de la educación deberían implicarse, de manera cooperativa, en acciones reflexivas, para abordar el posible cambio educativo desde perspectivas alternativas que las actuales condiciones ideológicas, legislativas y administrativas de la educación, en principio no dejan ni ver ni traspasar, para orientar una plataforma contextualizada de emancipación profesional en pos de la mejora educativa.

Las fases identificadas en el modelo son las siguientes:

(a) Descripción. Hemos de situarnos en una posición fenomenológica para comprender la importancia que puede llegar a tener el conocimiento profundo de la propia práctica. Incluso como vía de capacitación profesional y formación permanente. La orientación fenomenológica prioriza la experiencia que el individuo tiene sobre la realidad externa en la que actúa, en nuestro caso, el conocimiento personal que el profesional adquiere del contexto en el que se desempeña. La acción de enseñar vivida por el profesor puede considerarse, desde esta óptica, una experiencia "prefenomenológica" que sólo a través de la mirada reflexiva se convierte en fenomenológica, o realmente significativa para quien la ha vivido. Es decir, el profesional que reflexiona sobre lo que sucede en su práctica puede apercibirse de elementos de los que antes no tenía conciencia. El profesional que reflexiona en grupo sobre su práctica, puede interpretar y reinterpretar de manera colaborativa su reflexión vivida para desarrollar una nueva explicación de la institución, de la escuela, del alumnado, del currículum y de su propia situación profesional. Para la descripción de la práctica se emplean herramientas como el diario, la viñeta narrativa, la carpeta de materiales curriculares, instrumentos (auto)biográficos, y otras.

(b)Información. Los profesionales actúan siguiendo las teorías implícitas que acumulan con su experiencia y que conforman su conocimiento práctico, que por su propia naturaleza, permanecen ocultas a su conciencia. Sólo desde la exploración e identificación (información) de estas creencias, en una plataforma colaborativa, puede llegarse a la

reconstrucción social de las teorías personales de la práctica de cada profesional. Se trata de un proceso, por tanto, de naturaleza social y constructiva. Los procesos cognitivos que se trabajan son la creatividad y la resolución de problemas prácticos comunes de la educación. Las herramientas que se emplean son el análisis de contenido y la representación del conocimiento.

(c) Confrontación. Se trata de un proceso de deliberación mediante el diálogo para la fundamentación racional de la intervención profesional. La interacción social en el contexto del centro es esencial para comprender de manera global y situacional el significado de la acción educativa. Los procesos de confrontación sobre la propia práctica con los colegas se llevan a cabo en situaciones dialógicas de indagación pública sobre las razones sociales y personales que configuran la práctica profesional, el sentido que alcanza la práctica en el contexto, la relación de las distintas visiones de la práctica que sustentan los profesionales, el sentido que cada cuál otorga a sus acciones y las condiciones sociales que las mantienen.

(d)Reconstrucción. La actividad reflexiva alcanza su auténtica dimensión cuando el equipo conjunto de profesionales busca propuestas de mejora que favorezcan el cambio y la renovación de las relaciones que ha ordenado y sistematizado, que ha expuesto e ilustrado y que ha confrontado en grupo. Ahora, a la luz de las evidencias mostradas en el propio proceso reflexivo, se deben proponer nuevas configuraciones de la acción práctica, en forma de proposiciones de cambio y mejora. Se trata de representar el contenido y los nuevos modos de actuar que sean superiores y supongan una percepción común para dar respuesta a las necesidades institucionales. La reconstrucción permite recomponer la visión de la situación adoptando un nuevo marco para restablecer el equilibrio cuestionado en las fases reflexivas previas.

El modelo se revela como una forma de indagación sobre la práctica que conduce al desarrollo profesional de los participantes y al desarrollo organizativo de las instituciones educativas. El planteamiento de la educación reflexiva ha sido ampliamente difundido y continuamente trabajado desde multitud de posiciones teóricas. Schön (1992), articuló su propuesta de aprendizaje profesional a partir de modelos de reflexión en la acción y sobre la acción.

La reflexión implica activar un pensamiento crítico que va más allá de una actividad de razonamiento lógico o de examen profundo de determinados argumentos. El pensamiento crítico implica el reconocimiento de los presupuestos que subyacen a nuestras propias creencias y conductas. Significa que podemos dar justificaciones de nuestras ideas y acciones, justificaciones cuya racionalidad tratamos de juzgar. Significa que podemos pensar, proyectar y anticipar las consecuencias de esas acciones. Y significa que podemos probar si esas justificaciones son o no adecuadas. En pocas palabras, el pensamiento crítico tiene una dimensión reflexiva. La idea de aprendizaje reflexivo está también relacionada con el pensamiento crítico.

2.5. Modelo de formación y desarrollo basado en la mejora institucional

El propósito general que persigue el modelo es la preparación individual y colectiva de los profesionales de una misma institución educativa para dar respuesta contextualizada a los problemas concretos de su práctica.

Sus fundamentos han sido abordados desde diferentes posiciones. Se aconseja centrar los esfuerzos formativos en la resolución de los problemas concretos de la educación y la mejora del rendimiento de los usuarios, las instituciones y el Sistema. Para ello recomienda diseñar estrategias de resolución contextualizadas en la institución, realizar planificaciones estratégicas para incorporar mejoras a la práctica y acompañarlas de una infraestructura de apoyo adecuada. Se han detectado elementos básicos para los procesos de formación centrada en la escuela: el logro de una base de conocimiento que sirva de fundamento al cambio, la implicación de cada profesional en la planificación el proceso formativo, la implicación de los formadores externos al Centro en todo el proceso contextualizado, realizar sesiones de entrenamiento en torno a experiencias prácticas, provisión del tiempo necesario para lograr los objetivos previstos, y preparación de un clima adecuado que contenga un sistema de apoyo a la incorporación de nuevas destrezas profesionales. Se ha propuesto el concepto de "masa crítica para el cambio" para referirse a la comunidad profesional de aprendizaje que es necesario crear en el centro para desarrollar procesos de formación centrada en la escuela. Así se fundamenta la creación y el uso de "redes formativas" que agrupan a los profesionales implicados en procesos de revisión institucional para que asuman la dirección de su propio aprendizaje.

El modelo asume, en definitiva, que los profesionales en ejercicio son capaces de dirigir su propio perfeccionamiento en grupo y que el mayor estímulo para su desarrollo es la resolución de los problemas comunes de la práctica la propia institución en que trabajan. Por tanto, las actividades formativas sólo se conciben como medio para la mejora inmediata de la intervención profesional.

Una vez salvadas las dificultades de equilibrar las necesidades formativas individuales con las colectivas, el modelo de mejora presenta la gran ventaja de que la organización se beneficia del trabajo colectivo de sus miembros.

Las administraciones educativas han permitido la generalización de este modelo de formación y desarrollo profesional, basándose en las siguientes premisas: la consideración de la institución educativa como unidad básica de cambio; posibilitar la intervención activa de los equipos profesionales en la programación de su propia formación; atender a las necesidades de formación expresadas por los equipos profesionales en un proyecto común; enfocarse en la elaboración y desarrollo del proyectos institucionales; mejorar el funcionamiento de las instituciones como lugar de trabajo de los profesionales y de su relación con el conjunto de la comunidad educativa; posibilitar la mejora de la calidad educativa.

Como vemos, pueden darse distintas perspectivas dentro de este modelo. Podemos hablar de desarrollo en el Centro –con énfasis en la mejora docente- y de desarrollo del Centro –con énfasis en la mejora escolar, aunque evidentemente ambos tipos de formación no están separados sino que son mutuamente interdependientes. Al igual que podemos diferenciar entre estrategias de desarrollo organizativo y estrategias de desarrollo escolar, que toman como ámbito prioritario la mejora de la escuela y que, indudablemente, desencadenan un proceso de mejora docente.

Aunque todo quepa bajo el paraguas común de "desarrollo institucional" habría que diferenciar entre los modelos de aprendizaje cooperativo que tienen lugar en la propia institución –son formación en Centros-, los modelos basados en la reflexión que se desarrollan en la institución –son formación en Centros- y el modelo cuyo eje prioritario no es la mejora profesional, en sí, sino la mejora escolar que desencadena el desarrollo profesional.

En cualquier caso las fases que podemos establecer en el modelo son las siguientes:

(a) *Establecimiento de una relación inicial.* Proceso de negociación y consenso entre el grupo de profesionales y establecimiento de los compromisos de la colaboración para la mejora.

(b) *Creación de capacidad de colaboración.* Disposición de medios – sobre todo espacios y tiempos-, estructura de coordinación –función de liderazgo- y clima adecuado para iniciar la colaboración.

(c) *Análisis y revisión institucional.* Proceso de evaluación informada y reflexión colectiva sobre la situación actual de la práctica y la organización del Centro.

(d) *Identificación de ámbitos preferentes de mejora.* Caracterización y elección de un ámbito preferente de mejora que desencadene el proceso de colaboración, que sea prioritario para la mejora institucional, que pertenezca al dominio de actuación profesional y que sea susceptible de mejora en un plazo medio.

(e) *Clarificación y formulación de problemas.* Descripción en profundidad de la problemática referida al ámbito de mejora y sus conexiones con los demás elementos instructivos y organizativos de la institución.

(f) *Búsqueda de soluciones y preparación del plan de acción.* Planteamiento de alternativas a la actual situación y deliberación sobre las posibles actuaciones para la introducción de los cambios necesarios.

(g) *Planificación.* Elaboración del plan de acción y adquisición de compromisos concretos para su desarrollo. Elaboración de sistemas de seguimiento, retroacción y evaluación de los cambios.

(h) *Preparación del desarrollo.* Disposición de los elementos formativos necesarios –contemplando la posibilidad de asesoramiento externo-, los medios materiales precisos y las medidas organizativas convenientes para garantizar el éxito del plan.

(i) *Desarrollo del plan.* Introducción de cambios y activación de los procesos de seguimiento. Reformulación del plan inicial en cuanto sea preciso.

(j) *Evaluación.* Conjunto de estrategias rigurosas de reflexión y valoración de las actividades previstas y sus consecuencias, esperadas e inesperadas.

2.6. Modelo de formación y desarrollo basado en la indagación

Como en los anteriores modelos de formación y desarrollo profesional analizados, ocurre, que bajo la denominación común de la indagación como actividad formativa, caben multitud de orientaciones y estrategias diversas que representan enfoques formativos a veces antagónicos. Nosotros rescatamos la visión de Ferreres (1992) que sintetiza una propuesta de desarrollo basado en la indagación que queremos considerar. Para Ferreres, los supuestos básicos del modelo serían los siguientes:

(a) Sus bases teóricas estarían en el paradigma socio-crítico en educación.

(b) Se parte de la consideración de los profesionales como personas autónomas en su práctica educativa que constituyen una comunidad de profesionales reflexivos y críticos.

(c) Consideramos la formación como un medio para la mejora, la (re)profesionalización y el desarrollo profesional.

(d) Admitimos que no puede haber desarrollo profesional si no hay desarrollo curricular, o sea, partimos del desarrollo curricular como base del desarrollo profesional.

(e) Entendemos la investigación-acción como una estrategia colectiva que incluiría el desarrollo del currículum, la investigación educativa, la evaluación y el desarrollo profesional.

(f) Toda la institución educativa, como contexto, donde aglutinar investigación, innovación y desarrollo profesional a través de una cultura donde prevalezcan los valores de solidaridad, coordinación, discusión libre de trabas; reflexión y crítica, el trabajo compartido entre investigadores internos y externos, asesores, directores, formadores...

La investigación-acción como práctica de desarrollo profesional, cabe en este modelo de formación y desarrollo, pues se fundamenta en la necesidad de potenciar, al mismo tiempo, pero con entidad autónoma – como tres funciones separadas y simultáneas-, el desarrollo de la investigación y el discurso científico entre sus participantes, el desarrollo de la comprensión y el desarrollo de una nueva acción. Su propósito no es otro que la mejora de la racionalidad, la justicia y el grado de satisfacción -no sólo de los profesionales, sino también del resto de miembros de la comunidad educativa- de: (a) sus propias práctica; (b) la comprensión de esas práctica; y (c) la situación social en que se realiza la práctica educativa. De esta manera se construye una espiral de autorreflexión donde *la planificación, la acción, la observación, la reflexión, la replanificación, la acción futura, la nueva observación y la vuelta a la reflexión*, se constituyen en las fases de ciclos sucesivos de investigación en la práctica.

Evidentemente que la estrategia privilegiada para la realización de este modelo es la investigación-acción pero no la única. Ferreres (1992) presenta una alternativa a la investigación-acción, la diseminación y utilización de los conocimientos, que nosotros también vamos a integrar en este modelo. Si bien podríamos señalar algunos elementos que mantienen en común ambas perspectivas: de manera individual o colectiva los profesionales identifican situaciones problemáticas de su enseñanza que suscitan un interés profesional por incrementar el conocimiento que tienen de ello y experimentar posibles soluciones o alternativas; se recoge información sobre la situación problemática, tanto datos de campo –en base a observaciones sistemáticas de situaciones de clase u otras-, como literatura específica sobre el tema; se procede al análisis de toda la información; se deciden los cambios y se introducen en la práctica; se vuelve a recoger nueva información para valorar los efectos de la intervención y decidir sobre la pertinencia del proceso.

Por su parte, la estrategia de diseminación y utilización del conocimiento parte de la necesidad de integrar a un *difusor* -o sistema de recursos de difusión ubicado en la Universidad o en la institución formativa- y a un *utilizador* –o sistema de utilización ubicado entre los profesionales de una institución educativa o red de instituciones que se constituyen en red interinstitucional de desarrollo profesional- para la transferencia de conocimiento pedagógico. Se trata del modelo D&U (difusión y utilización), según el cual toda transferencia de conocimiento tiene lugar entre un 'utilizador' y un 'difusor' de conocimientos. Este difusor puede ser un experto, un colega o un manual. La cuestión es saber si el utilizador encuentra o no los conocimientos que le permitan profesionalizarse, es decir, dominar una o varias facetas de la práctica que se debe mejorar. La función del difusor no es otra que la de proporcionar recursos intelectuales y materiales para la transferencia del conocimiento. De esta manera se constituye un ciclo de resolución de problemas con las siguientes características:

(1) *Transformación de recursos.* Tomando los materiales , consejos, instrumentos, etc. que están fuera o que existen en el dispositivo, se transforman para hacerlos utilizables; se traducen en una forma contextual apropiada.

(2) *Dotación de recursos directamente a la red institucional.* Proporcionando un servicio de seguimiento con una presencia continua durante el período de aplicación.

(3) *Consejos técnicos.* Que constituyen la función esencial del experto externo que hace de catalizador y de dinamizador de la búsqueda de soluciones ante los problemas de la práctica.

(4) *Asistencia en el momento inicial y durante el proceso.* Estímulo

para la indagación colectiva durante todo el proceso facilitando ayuda técnica sobre los procesos de indagación.

(5) *Formación directa.* Formación de los profesionales mediante talleres, seminarios, cursos, demostraciones, entrenamiento o cualquier otra estrategia. Tanto sobre procesos de indagación cuanto sobre mecanismos de transferencia a la práctica.

El modelo se concreta a través de elementos que son comunes a todas las variadas formas en que se presente. En primer lugar, un individuo o un grupo de profesionales identifican un problema de interés y, a continuación, exploran las mejores formas de recoger datos, desde el examen de la literatura existente a la recogida de datos en la institución de referencia. Los datos recogidos son inmediatamente analizados e interpretados por el individuo o el grupo. Como consecuencia de lo anterior, se introducen determinados cambios y se procede a reunir y analizar nuevos datos para discernir los efectos de la intervención. Este es, en pocas palabras la secuencia del proceso. Indudablemente, este proceso se adapta a cada caso particular.

* * *

Lo que hemos aprendido

1   Se pueden establecer patrones comunes en el desarrollo de los profesionales de la educación que sigan un modelo universal/generacional de fases.

2   Las fases en el desarrollo profesional pueden estar delimitadas por la edad o por los años de experiencia profesional. Si bien, cada variable informa de calves distintas en la evolución de la madurez, normalmente se presentan juntas.

3   Los modelos de fases en el desarrollo permiten comprender aspectos del desempeño profesional como: la evolución de las preocupaciones profesionales; la construcción de la identidad profesional; las perspectiva desde la que se encaran las relaciones personales; los cambios en los intereses profesionales; las necesidades formativas y de apoyo.

4   Los modelos de formación y desarrollo profesional nos sirven para guiar políticas, diseños, intervenciones y evaluaciones formativas.

5   Los modelos han de ser abiertos, flexibles, dinámicos y probabilísticos.

6   Unos modelos se diferencian de otros por la tarea formativa central que desencadena el desarrollo; el tipo de agrupamiento; el origen y el contexto de la demanda formativa; y la existencia o no de asesoramiento experto.

7   No existe un modelo más eficaz que otro. Todos tienen sus ventajas y limitaciones. Lo eficaz es saber usarlos en el momento adecuado e integrarlos cuando se hace necesario.

8   Los modelos se van refinando y mejorando con su uso. Los formadores debemos estar abiertos a la profundización y mejora de los modelos a partir de nuestra experiencia con ellos.

9 Como en otros asuntos de la intervención educativa, la transferencia de buenas prácticas en el uso de modelos de formación y desarrollo es capital para la mejora de las prácticas formativas.

Cuestiones prácticas

1 Redacta un comentario sobre tu situación profesional actual, ya seas formador en formación o formador en ejercicio. Atiende en este comentario a los siguientes aspectos: visión de la educación y la enseñanza; función del docente o formador; tus preocupaciones profesionales actuales; intereses profesionales; satisfacciones e insatisfacciones en el desempeño profesional; retos profesionales próximos. Compara tu comentario auto-biográfico con la caracterización que de fases en la carrera y ciclos de vida se recogen en el capítulo. Señala coincidencias y discrepancias.

2 Diseña una parrilla de caracterización de los distintos modelos de formación y desarrollo profesional que te sirva para incluir la caracterización, sus etapas operativas, sus ventajas, sus limitaciones, sus coincidencias o solapamientos con otros modelos y sus diferencias sustanciales. Completa la parrilla y compárala con la que hayan elaborado tus colegas.

Cuestiones de indagación

Realiza una búsqueda exhaustiva de la oferta formativa que se ha dirigido a los profesionales de la educación de tu zona en los últimos tres o cinco años. Oferta de las administraciones educativas, de Centros de profesorado, de universidades, y de otras instituciones formativas públicas y privadas. Tanto de formación presencial, como semipresencial o no presencial y a distancia. Ordénalas, revísalas, clasifícalas y redacta un análisis comentando los siguientes indicadores: tareas formativas propuestas, tipos de agrupamiento, origen y contexto de la demanda, existencia de asesoramiento experto, contenido de la formación, destinatarios, modelo de formación al que responde, coste de la formación, nivel de certificación, valor otorgado a la certificación. Usa otros indicadores que consideres pertinentes. Discute la validez y pertinencia de la oferta global de actividades formativas para profesionales de la educación en tu zona.

CAPÍTULO 4

Procesos de formación y desarrollo profundo

En un pequeño apartamento del Carlton House, en el centro de Santiago de Chile, debatíamos mi compañero José Gijón y yo, con los colegas de la Universidad de Los lagos, Roberto y Alberto, sobre las estrategias didácticas que íbamos a proponer para reducir la brecha entre el nivel de competencias básicas con el que ingresaban los estudiantes de primer curso a su Centro de Formación Tecnológica, y el nivel de competencias necesario para terminar con aprovechamiento el primer semestre de estudios y, así, reducir las tasas de abandono. José y yo, habíamos elaborado el catálogo de propuestas, tras analizar las evidencias de la brecha que en sucesivas visitas a Osorno y Puerto Montt, en 2010, habíamos recogido. Tras analizar minuciosamente el catálogo, los cuatro coincidimos en que el plan no podía implantarse sin acompañarlo de un programa de asesoramiento que facilitara a los docentes apropiarse de la nueva estructura didáctica y generar nuevas competencias en el desempeño profesional. El problema de innovación didáctica se nos transformaba, de esta manera, en un reto de formación y desarrollo profesional. Un auténtico reto pues, para tener éxito, tenía que apuntar a los procesos básicos del desarrollo que podíamos trabajar desde el plan formativo: identidad profesional, conocimiento profesional y cultura profesional. Así se orientó el trabajo de nivelación de competencias.

1. Identidad profesional

1.1. De la identidad personal a la profesional

Identidad personal es, en principio, diferenciación personal; conciencia de sí mismo de una persona, sólo accesible −Hume− a través de conjuntos de impresiones en las relaciones de semejanza, contigüidad y causalidad, que le dan idea de unidad; conciencia de la permanencia del yo en diferentes situaciones y en el transcurso del tiempo; autodefinición de la persona ante y entre otras personas. Es un proceso continuo de construcción de sentido al sí-mismo atendiendo a un atributo cultural −o a un conjunto relacionado de atributos culturales- al que se da prioridad sobre el resto de fuentes de sentido. Erickson (1980) reconoce la identidad como un sentido subjetivo de mismidad y continuidad; es la autopercepción del yo a lo largo de un pasado asumido −trayectoria biográfica-, una funcionalidad social en el presente −entorno relacional-, y una proyección futura.

Cuatro elementos distingue Erickson para la delimitación conceptual de la identidad personal: (a) el sentimiento consciente de la identidad individual; (b) el esfuerzo inconsciente por la continuidad del carácter personal; (c) la síntesis del yo y sus correspondientes actos; (d) la interior solidaridad con la identidad e ideales del grupo. El elemento nuclear es la autoimagen o juicio de sí mismo de la persona a la luz de la objetivación, esto es, de cómo advierte que le juzgan los demás, en comparación con otras personas y en el marco de los modelos culturales y escalas valorativas dominantes.

La identidad personal está formada por nueve temas específicos que actúan como un todo al mismo tiempo que se proyectan en los distintos campos de actuación personal, uno de ellos −prioritario en la vida adulta- el del ejercicio profesional: (1) mismidad y continuidad, (2) identificaciones colectivas, (3) roles ocupacionales, (4) valores, (5) confirmación por allegados, (6) idealizaciones, (7) rasgos −conciencia de características-, y (8) preferencias y aficiones.

En nuestro campo, ha sido Nias (1989) quién más claramente ha delimitado la noción de identidad profesional de los profesionales de la educación en su trabajo con docentes de Educación Primaria. Parte del supuesto de que para enfatizar la naturaleza personal de la profesión, es necesario conceptualizar el término de identidad profesional. Se fundamenta en una perspectiva interaccionista simbólica para afirmar que la identidad es una construcción del sí mismo como objeto que se experimenta en las relaciones con los demás. A través de interacciones repetidas en el tiempo se internaliza tanto la actitud de los demás, cuanto la imagen que puede percibirse en los demás de la actitud propia, como la actitud colectiva de los grupos sociales organizados. Luego la identidad es un fenómeno inseparable de la cultura. Podemos distinguir entre identidad substancial como núcleo interno del sí-mismo personal que es persistente y fuertemente resistente al cambio –constituido por el más alto auto concepto y las actitudes radicales y valores más sobresalientes de la persona-, e identidad situacional a la que se incorporan aquellas creencias, valores y actitudes con las que la persona se siente más identificada en momentos concretos de su trayectoria. Nias (1998) argumenta que son precisamente las estrategias situacionales las que preservan lo substancial de la identidad en la medida en que permiten adscribirse de manera estratégica a grupos de identificación con los que se mantiene un alto nivel de coincidencia.

En cuanto proceso de identificación personal con un grupo social, los estudios sobre la identidad de los profesionales de la educación arrancan de un supuesto básico de partida común: los profesionales son personas que construyen una percepción del oficio al que van a dedicar su actividad ocupacional y la desarrollan en sus relaciones con los demás. Esta construcción puede concebirse como un proceso subjetivo basado en las propias metas y motivaciones personales o como un proceso social de identificación colectiva con el grupo total de individuos que se dedican al mismo oficio, a la vez que con grupos y subgrupos específicos, en un proceso de fragmentación cada vez mayor, de miembros de ese colectivo general.

En su caracterización de la naturaleza de la identidad profesional docente Nias (1989) señala seis aspectos que emergen de su análisis de las identidades docentes:

(1) Existe un buen número de docentes que enseñan de manera eficaz, gozan de su trabajo y poseen prestigio entre sus colegas, que no están identificados con su profesión. Esto es, no se perciben a sí mismos como docentes.

(2) La identificación profesional en la enseñanza se produce a través de un proceso muy lento. Mientras para unos comienza en la niñez, para otros sólo se produce mediante el ejercicio continuado de la profesión en el tiempo.

(3) Los valores personales, en la medida en que forman parte de la identidad substancial de la persona, juegan un papel sobresaliente en la manera en que los docentes entienden y se conducen en la profesión.

(4) Los docentes presentan dos tipos esenciales de valores personales que son mutuamente excluyentes: los que representan la educación como el ámbito apropiado para el desarrollo de ideales morales, políticos y/o religiosos frente a los que determinan la conducta del docente fuera de la escuela.

(5) La enseñanza interesa a aquellas personas que buscan desarrollar cauces de expresión para los talentos personales.

(6) Dado que la enseñanza es una actividad profesional que sirve a la autoexpresión de los talentos personales, tiene el poder de ser altamente inclusiva. Es decir, la fusión en una sola de las identidades personal y profesional.

Tras su revisión de estudios sobre identidad profesional docente, Beyjaard, Meijer y Verlopp (2004), encuentran lo siguiente:

(a) La identidad es un proceso evolutivo de interpretación y reinterpretación de experiencias.

(b) La identidad implica a la persona y a su contexto. La identidad está conformada por aspectos personales, sociales y cognitivos.

(c) La identidad está conformada por subidentidades conectadas entre sí.

(d) La identidad contribuye a la percepción de auto-eficacia, motivación, compromiso y satisfacción en el trabajo.

Zeichner (1985) estudió el proceso de socialización (adquisición de la cultura profesional docente) y su individualización o interiorización en una identidad profesional, manejan do el constructo de cultura latente. Así, la identidad sería la internalización de la cultura profesional, filtrada por el tamiz del resto de factores que constituyen la identidad y que permiten la individualización del "ethos" de la enseñanza. Su visión está dominada por una idea *funcionalista* del proceso identificatorio. Los procesos de recreación y adaptación personal de la cultura profesional para crear una imagen del sí mismo en el ejercicio de las tareas y las relaciones docentes, coherente con el entorno social, serían la base de la identificación. Uno de los atractivos de su propuesta, de naturaleza dialéctica, es que frente a la visión de una identidad profesional colectiva y homogénea, generalizada desde la sociología, el proceso de socialización es, en paralelo, un proceso de individualización personal. Zeichner, además, prioriza en su aportación los aspectos identificatorios previos al acceso a la docencia como conformadores de los procesos de socialización durante el ejercicio de la enseñanza. Para él, los factores de incidencia en la conformación de la cultura latente son:

(a) *Primeras experiencias formativas.* No es igual la experiencia de estudiantes que la experiencia de profesor. Se interiorizan modelos de comportamiento a lo largo de la vida escolar. No sólo se refiere a las experiencias formativas a la enseñanza, sino también se interiorizan modelos de crianza (cómo el niño tiene que relacionarse con los adultos). El elemento clave de las experiencias formativas es el aprendizaje vicario (aprendizaje por observación).

(b) *Influencia de personas con capacidad de evaluación.* Personas de autoridad moral para establecer patrones educativos.

(c) *Relación con agentes colaterales.* Relación con personas fuera de la enseñanza, los amigos, la pareja. Pueden prestar o no apoyo a las decisiones profesionales y ayudar a conformar la imagen profesional.

(d) *Relación con el alumnado durante las prácticas de enseñanza.* Recoge todas las líneas de investigación sobre la socialización infantil. El proceso de socialización con los niños no es un proceso unidireccional sino que el feedback del niño con el adulto a la vez que transmite cultura modifica su visión sobre esa cultura que transmite. El adulto cambia en la forma de relacionarse con el alumnado.

(e) *Influencia de supervisores y tutores de prácticas.* Durante el prácticum los agentes formativos que intervienen facilitan la reflexión sobre la cultura profesional de los centros de enseñanza.

1.2. Formas identificatorias de los profesionales de la educación

Entendemos la identidad profesional es el resultado provisional –en reconstrucción permanente- de las dinámicas de ajuste y desajuste entre la trayectoria personal y la cultura ocupacional e, incluso, formativo-ocupacional. La tradición sociológica ha resaltado el efecto de los procesos sociales en la construcción de la identidad profesional que se pone de manifiesto en la perceptible continuidad de la trayectoria profesional dentro de una generación y su evolución uniforme generación a generación. Desde la psicología del desarrollo se resalta la discontinuidad de los estadios de desarrollo que caracterizan la socialización primaria del individuo justo hasta el momento de su inserción social y profesional. La tendencia a la generalización y priorización de alguna de estas dos dimensiones en el ciclo de vida enmascara la interacción de los dos procesos. La superación de esta oposición pasa por acabar con el tratamiento de ambos conceptos –el de las identidades colectivas construidas históricamente en y por el proceso social y el de las identidades individuales constituidas en y por las biografías y las interacciones individuales- como complementarios. Además, la socialización ocupacional no es un proceso puntual en el tiempo ni que se realice de una sola vez, tras la formación inicial, en el período de inducción a la docencia, sino que, debido a la propia historia formativa de los individuos, a los cambios institucionales que viven y/o protagonizan, es un proceso de construcción y reconstrucción contante .

Desde una visión evolutiva de la carrera docente, la construcción de la identidad profesional está marcada por las fases de la carrera, los eventos, las historias de los centros educativos y las relaciones significativas que se establecen con los colegas. Tener una determinada formación profesional, acceder de una determinada forma a la enseñanza, hacerse reconocer en el grupo social de referencia como competente o no, beneficiarse de una carrera satisfactoria, adaptarse o promover innovaciones educativas, afrontar períodos de crisis profesional, constituyen etapas de un proceso muy complejo en el curso del cuál los docentes construyen, deconstruyen y reconstruyen su identidad profesional aprendiendo a reconocerse a sí mismos y a los otros mediante categorías pertinentes, mediante un proceso integrado de doble transacción biográfica y relacional. Se trata de un proceso que supera la aproximación sincrónica de la construcción de las identidades profesionales en el contexto de trabajo y la aproximación diacrónica de los hábitos de clase como forma de socialización ocupacional. La transacción biográfica consiste en la proyección de los futuros posibles en continuidad o ruptura con un pasado reconstruido: trayectoria. La transacción relacional consiste en hacer reconocer –o no- por los colegas de la enseñanza, la legitimidad de las pretensiones personales. Estas dos transacciones son necesariamente interdependientes.

Dubar (1992) fundamenta en tres conceptos sobre la profesionalidad, que nosotros vamos a aplicar a la enseñanza, para proponer su teoría de la doble transacción y establecer cuatro categorías de identificación profesional: (a) la racionalidad profesional; (b) la actitud ante la formación, y (c) la lógica salarial.

La *racionalidad profesional* se refiere a la lógica desde la que se construye la proyección personal en el ejercicio de la docencia. Se establecen cuatro grupos diferenciados: (1) el de los docentes incapaces de formular su proyecto de vida dentro de la profesión docente; (2) el de los docentes que aceptan la enseñanza como una actividad meramente instrumental que les permite realizar otros proyectos personales más interesante; (3) el de los docentes con motivación para la docencia e interés en el desarrollo de nuevos proyectos profesionales en la docencia; y (4) el de los docentes multidireccionales que aprovechan todas las oportunidades que les ofrece la profesión para su crecimiento personal.

La *actitud ante la formación* -que ya hemos abordado desde la óptica de Barbier (1996)- permite establecer, así mismo, cuatro grupos en función de su ubicación en torno a dos ejes continuos de concepción bipolar. El primer eje es el del interés o desinterés por la formación. El segundo eje es el de la posesión de información o la desinformación de las posibilidades formativas que se ofrecen a los docentes. Así se conforman los cuatro grupos: (1) interés-información; (2) desinterés-información; (3) interés-desinformación, y (4) desinterés-desinformación.

La *lógica salarial* es la que gobierna las relaciones laborales de los docentes e influye en su comprensión del mundo de la profesión. Se establecen, nuevamente, cuatro grupos: (1) el de los docentes que se debaten entre el mantenimiento de su situación actual y la búsqueda de nuevas perspectivas profesionales fuera de la enseñanza; (2) el de los docentes orientados a la promoción interna capaces de mantener una imagen de progresión regular y continua en la docencia, que aceptan de buen grado las nuevas propuestas formativas y que participan activamente en nuevos proyectos profesionales; (3) el de los docentes que aspiran a la promoción sólo desde la lógica formativa heredada del período de su formación inicial y rechazan nuevos esfuerzos formativos que supongan mayor dedicación personal a la docencia, construyendo un sentimiento de bloqueo ante la formación y el desarrollo; (4) el de los docentes que optan por la movilidad externa, o el *"abandono de la tiza"* como única opción para la promoción personal dentro de la docencia. A partir de estos grupos, podemos establecer las cuatro formas identificatorias para la enseñanza que se presentan en el siguiente cuadro.

Formas identificatorias

		Transacción Relacional	
		Reconocimiento	No reconocimiento
Transacción biográfica	Continuidad	IDENTIDAD INSTITUCIONAL *Multidireccionalidad *Interés/información *Promoción interna	IDENTIDAD DE OFICIO *Instrumentación *Desinterés/información *Bloqueo
	Ruptura	IDENTIDAD DE RED *Motivación *Interés/desinformación *Movilidad externa	IDENTIDAD EXTERIOR *Sin proyecto *Desinterés/desinformación *Nuevas perspectivas

A pesar de constituir cuatro formas identificatorias tipo, de carácter extremo, son útiles para comprender algunos aspectos relacionados con la motivación profesional, el interés por la formación y el desarrollo, la implicación de los docentes en proyectos de innovación, y la identificación de su proyecto profesional individual con el proyecto de crecimiento del centro educativo. La *identidad institucional* – continuidad biográfica y reconocimiento social- sería aquella en la que se proyectan las aspiraciones profesionales en la mejora dde la institución educativa (propia de quienes ocupan cargos directivos y participan en proyectos de formación y/o innovación del centro). La *identidad de red* – ruptura biográfica y reconocimiento social- estaría orientada al crecimiento dentro de la docencia pero no necesariamente dentro de la institución educativa actual (propia de quienes se forman para pasar a otros niveles de la enseñanza, equipo de apoyo a la escuela, administración educativa...). La *identidad de oficio* –continuidad biográfica y no reconocimiento social- sería propia de los profesionales que se identifican perfectamente con su labora individual en la formación y no están interesados por las cuestiones institucionales ni por la formación el desarrollo o la promoción a otras funciones. La *identidad exterior* – ruptura biográfica y no reconocimiento social- es la que sustentan quienes mantienen una identidad profesional más fuertemente ligada a otras actividades distinta a la docencia aún cuando mantenga su puesto en la formación.

1.3. Aspectos centrales de identificación de los profesionales de la educación

La imagen social actúa de elemento socializador de la identidad profesional, mediante la encriptación simbólica de los tópicos más extendidos sobre la enseñanza y el profesorado en mensajes que van dirigidos tanto a los docentes como a la sociedad en general y que ayudan a interiorizar una imagen personal de la tarea compartida con el entorno social en el que se realiza. En nuestras revisiones de la prensa escrita hemos encontrado que es frecuente presentar una imagen favorable de los educadores aunque negativa de la enseñanza y la educación. En los periódicos se suele mostrar mayoritariamente la idea de que los docentes se encuentran mal remunerados y se tiende a dar una buena imagen del profesorado en sus relaciones sociales con el alumnado y los colegas, mientras que por el contrario se acostumbra a presentar relaciones no tan positivas con los padres y madres del alumnado, con la administración educativa y con el entorno social. Los *spots* publicitarios insertados bien por las administraciones, bien por los sindicatos de enseñantes, mantienen una imagen social del profesorado más centrada en una visión utópica −lo que debería ser- que en una imagen real. La idea de la importancia social de la educación se refuerza en los medios de comunicación así como la tarea social de los profesionales de la educación.

La enseñanza es una tarea conflictiva que, frecuentemente produce crisis en la identidad profesional. Salanova, Llorens y García-Renedo (2003) ha analizado las causas de la conflictividad en el ejercicio de la docencia o -como también se le denomina- malestar docente. Han encontrado que para gran parte del profesorado, la enseñanza es una profesión que genera ansiedad −estrés y burnout- y señalan como las fuentes más frecuentes de este malestar, el mucho trabajo que implica la docencia, la tensión en la relación con al alumnado y las dificultades relacionales con los colegas. El grado de malestar que manifiestan los docentes a lo largo del curso escolar no e uniforme, sino que sigue determinadas pautas o ciclos que se repiten años tras año. Existe investigación sobre la conflictividad profesional relacionada con la incidencia y prevalencia de la enfermedad en el profesorado, que confirma la hipótesis de los ciclos de malestar en el docente.

El síndrome de *"burnout"* en la docencia se describe como el agotamiento físico y emocional del profesor que implica el desarrollo de actitudes negativas hacia el trabajo, temor ante la profesión y pérdida de empatía con los usuarios del servicio educativo. El docente que padece este síndrome experimenta una pérdida progresiva de energía e ideales que afectan a su relación con los demás (alumnado y colegas) y con la propia institución (capacidad de compromiso).

El constructo *"centralidad del trabajo"* (wok centrality), un tema de preocupación para los investigadores ahora muy frecuente, es un factor relacionado con dimensiones de la identidad profesional como son la satisfacción profesional o el grado de compromiso con la docencia. La centralidad en el trabajo se define como: (a) la aceptación ideológica de la ética profesional que incluye un compromiso con el trabajo como significado esencial de la vida de una persona; (b) una dimensión afectiva del compromiso profesional que es el resultado de la construcción del sí mismo en el trabajo que compromete dedicación y energías y guía la identificación personal con el oficio.

Con la misma intensidad con que las investigaciones muestran la conflictividad inherente a la profesión docente también señalan el alto grado de satisfacción personal que produce su ejercicio a los docentes. Esto es, alta conflictividad y alta satisfacción son aspectos que se presentan unidos y que caracterizan la identidad profesional docente. La satisfacción laboral es un tópico muy bien estudiado por su enorme interés para la organización social. Se trata de un estado emocional positivo resultante de la valoración de las experiencias laborales. En su extenso trabajo sobre la satisfacción profesional del profesorado universitario, Sáenz y Lorenzo (1993) constatan el elevado grado de insatisfacción del profesorado universitario en algunas dimensiones de su tarea: labor investigadora, ámbito sociolaboral, aspectos organizativos, centro docente, relaciones personales y realización profesional. Pero de manera paralela, los resultados constatan que el docente universitario sí se siente satisfecho en la relación con el estudiantado y con su docencia. Es decir, justo las dos dimensiones que equiparan la actividad profesional docente del profesorado universitario con sus colegas de las demás etapas del sistema educativo, interacción con el alumnado y docencia, son las que producen satisfacción en el profesorado de nivel superior.

Entre los elementos que influyen en la satisfacción de los docentes, se ha diferenciado entre dos tipos de variables: (a) contextuales – ambiente del centro, apoyo social percibido, prestigio social...-; (b) inherentes al ejercicio de la profesión –recursos materiales para la enseñanza, condiciones laborales...-. También se han analizado las diferencias de la satisfacción profesional en función de la edad de los docentes. Como hemos visto al revisar los estudios de edad, los resultados constatan que son los docentes de más edad –y de más experiencia-, es decir, los mayores de cuarenta y cinco años, los que se muestran más satisfechos con su actividad profesional. Por lo demás, en sus resultados se constata una mayor satisfacción entre las profesoras que entre los profesores varones –dato que no es corroborado por otros estudios-, y la relación inversa entre ansiedad y satisfacción de modo que a mayor ansiedad menor grado de satisfacción.

La investigación de Zubieta y Susinos (1992) sobre las satisfacciones e insatisfacciones de los docentes informa con la parte cuantitativa de su trabajo y mediante un análisis factorial sobre los 1131 cuestionarios recogidos, determinan que las dimensiones que afectan a la satisfacción de los docentes son: (a) la materia que se enseña; (b) las relaciones con los compañeros; (c) las relaciones con la dirección (ausencia de autoritarismo); (d) la libertad docente; (e) el extenso período vacacional; y (f) las relaciones con el alumnado. En tanto que los factores de insatisfacción docente encontrados son: (a) la baja remuneración económica; (b) el bajo interés del alumnado por el estudio; (c) el bajo prestigio social; (d) la ausencia de promoción; (e) la falta de claridad sobre los objetivos de la enseñanza; y (f) las relaciones con el alumnado. Curiosamente, las relaciones con el alumnado es, a la vez, fuente de satisfacción y de insatisfacción en la profesión docente.

2. Conocimiento de los profesionales de la educación

2.1. Acerca del conocimiento profesional

Concebimos el conocimiento de los profesionales de la educación como un conocimiento orientado necesariamente a la acción, esto es, para su uso en situaciones educativas concretas. Nos estamos refiriendo al conjunto de información orientado a la acción y acumulado mediante un proceso de objetivación que realiza el profesional en el seno de una comunidad de profesionales e investigadores que se ocupan de la educación, codificando la experiencia, a través del lenguaje, en proposiciones, argumentaciones, jerarquizaciones y críticas que son propiedad de toda la comunidad educativa y que permite a los sujetos individuales -educadores e investigadores- acceder a toda la información acumulada sobre el objeto de estudio sin necesidad de tener experiencia directa de él. Se trata de un conocimiento de carácter formal (en la medida en que no es propiedad de individuos concretos, sino de dominio público) que orienta la acción en cuanto que la anticipa y facilita su objetivación.

No es discutible la necesidad de conocimiento formal para una actividad profesional, como la educación, cuyo carácter ético y moral exigen a quien administra la educación reglada, esto es al Estado, las máximas garantías de calidad y eficacia del servicio educativo. Pero se trata de una visión del conocimiento amenazada desde el realismo ingenuo que impera en otros dominios de la ciencia y que concibe conocimiento como reproducción, por asimilación, del objeto de estudio, y, amenazada también desde el idealismo absoluto que no concibe el conocimiento fuera del sujeto que conoce. Las críticas formuladas al positivismo desde la reconceptualización de las ciencias humanas-sociales ha venido a desacreditar la primera amenaza que situaba al conocimiento formal sobre la educación fuera del dominio de producción de la comunidad profesional para reservarlo, de manera exclusiva, al ámbito de la investigación educativa. Sin embargo, el auge de las posiciones epistémicas reivindicadoras de la práctica como única fuente de conocimiento, han revitalizado, de algún modo, la visión idealista absoluta que ha venido a reforzar la conceptualización del conocimiento docente como único dominio válido para el conocimiento profesional de la educación.

2.2. Condicionamiento social del conocimiento profesional

El conocimiento formal sobre la enseñanza que es, y debe ser, compartido por los profesionales y orientado a la práctica, proporciona la base del condicionamiento social para el conocimiento docente que sí tiene una naturaleza eminentemente profesional. Lo hace, principalmente, a través de la actitud cognoscitiva, de la orientación del nuevo conocimiento y mediante los criterios formales de objetivación de la experiencia educativa. Esta es una tarea que compete, aunque no de manera exclusiva, a la formación de profesionales de la educación. Por tanto, si la formación y el desarrollo profesional consisten, entre otras cosas, en la construcción de nuevo conocimiento profesional que genera nuevos esquemas de actuación más flexibles, completos, y mejor ajustados a la intencionalidad educativa, a la formación le corresponde facilitar conocimiento sobre la educación que pueda reconstruirse en el profesional en base, primero, al condicionamiento social que porporciona, segundo, a la referencia práctica propia de cada educador que actúa de organizador funcional de todo el proceso cognitivo.

La *actitud cognoscitiva* se transmite al sujeto que conoce integrada en el propio conocimiento al que accede. Básicamente, en enseñanza podemos hablar de tres actitudes cognoscitivas: la de verificación en la práctica profesional de las certezas formales de la educación, la de comprensión de las incertidumbres de la práctica, y la de la transformación de la enseñanza en un proceso continuo de ajuste entre la conciencia pedagógica del docente y la realidad educativa. Las actitudes cognoscitivas se generan, en buena parte, durante los procesos formativos. La responsabilidad, pues, para la formación de profesionales no es ignorar la generación de actitudes cognoscitivas como lago que no existe o que, en el mejor de los casos, aún estando ahí, no le corresponde. Tampoco es la de informar "legítimamente" de la posibilidad de generar una actitud cognoscitiva en el conocimiento profesional manteniendo una actitud "neutral" y "democrática" de no intervención respecto a ello. Aunque fuera posible la actitud neutra respecto a la información, no cabe la actitud neutra respecto al procedimiento.

En la *orientación y génesis del nuevo conocimiento profesional* también desempeña la formación una función preponderante. En dos sentidos. Por un lado, la formación proporciona el marco educativo social necesario para interpretar la experiencia profesional sensible. Por ejemplo, ante la disrupción continua de la clase que está impartiendo, el profesional más allá del hecho concreto de la interrupción del alumno, ve un problema de indisciplina, una necesidad educativa especial, o un desajuste del nivel de su discurso con la competencia cognitiva del alumno. Por otro lado, la formación proporciona el marco para la comprensión de los fenómenos más alejados de los datos perceptuales, que llamamos "superiores", y que se refieren a la teorización que los docentes realizan sobre los primeros.

En tercer lugar, la formación facilita a los profesionales los *criterios de objetivación de la experiencia* desde la propia plataforma cultural de la comunidad académica de los formadores. La normas de relevancia y validación del conocimiento profesional, la estructuración categorial del conocimiento, la jerarquización e incluso las perspectivas críticas que funcionan en la academia y las actitudes críticas desde las que resulta legítimo posicionarse. En cualquier proceso de conocimiento humano Rábade (2003) afirma que el proceso de objetivación se realiza básicamente en torno a tres fuentes: (a) el lenguaje, (b) el trabajo, y (c) las instituciones. Al docente el *lenguaje* educativo le proporciona ideas claras de situaciones que no están presentes y le permite orientar la conducta personal para actuar en situaciones similares, le permite organizar el caos de impresiones que recibe en su acción profesional, al tiempo que, también objetiva las experiencias compartidas a modo de instrumento de acopio y de transmisión colectiva de conocimiento. Las características y condiciones específicas de ejercicio de la función docente –*trabajo*- delimitan una parcela concreta de preocupación profesional a la que circunscribir el proceso de objetivación (Habermas). Las *instituciones* educativas facilitan los elementos culturales que hacen comprensibles los comportamientos sociales.

Entendamos algo esencial. Cuando hablamos de condicionamiento social del conocimiento docente a través de la formación, esto es, a través de la transmisión del conocimiento formal sobre la educación, no hablamos de determinación. Entender esta relación como determinación nos situaría en el plano funcionalista de la instrumentación cultural de la reproducción social en la que se han situado las investigaciones sobre currículum oculto. Si se entiende la determinación como algo absoluto, esto es, como una necesaria constricción del pensamiento y el conocimiento profesional, eso sería negar la capacidad de juicio, sentimiento y acción del docente independiente o autónoma.

Esto no quiere decir que no existe un carácter apriórico del condicionamiento social. Esto es, la comunidad educativa y la formación institucionalizada por ella funciona para cada profesional como un ámbito *a priori* desde el que se dan las condiciones posibilitadoras de conocimiento profesional, configurando y orientación nuevos conocimientos. El condicionamiento formativo es, a la vez, conformador y posibilitador del conocimiento profesional, aun cuando la subjetividad individual se abra a la intersubjetividad comunitaria que constituyen los demás docentes, los formadores, los investigadores, en fin, la comunidad educativa.

2.3. Conocimiento profesional desde la formación vs. desde la experiencia

El generalizado uso indebido de la epistemología de la práctica -que es bien cierto que ayudó a generalizar en nuestro campo la obra de Schön (1992)-, ha traído en buena medida consigo un descrédito de la formación docente y del discurso intelectual sobre la enseñanza y su sustitución, en unos casos por el discurso psicológico sobre el aprendizaje, en otros, por la deliberación localista y sólo centrada en la práctica de los docentes que reniegan de la legitimidad de escuchar *"otras voces"* en la cuestión educativa. Si durante las décadas de los 80 y los 90 ha sido necesario reclamar la presencia de las voces silenciadas de los docentes en el discurso educativo, la incipiente desregulación de la formación docente está abocando a nuevos silenciamientos durante la presente década, negando a los docentes, tanto la necesidad como la posibilidad de inscribir su pensamiento en el pensamiento socializado de una comunidad educativa cada vez más fragmentada.

En un estudio sobre las fuentes de conocimiento docente, Escudero (1998), plantea dos cuestiones esenciales: (a) la necesidad de equilibrio entre la relevancia funcional del conocimiento docente que le otorga su carácter práctico y la relevancia sustantiva, teórica e ideológica del conocimiento formal; (b) la necesidad de prestar más atención a la conexión entre la formación continua –hoy administrada preferentemente a través de los Centros de Profesorado- y los contextos de trabajo del profesorado que garantice la construcción social del conocimiento docente y su formación. Una formación bien conectada a la práctica, en principio, resulta más atractiva para el profesorado pero ello no dice nada del valor de su contenido, esto es, de las opciones sociales, políticas y culturales de la acción profesional docente ante los problemas de la enseñanza. El abandono de la categorización intelectual del conocimiento pedagógico, o su sustitución por la categorización personal del conocimiento -como nueva moda al uso- genera antes una identidad profesional como usuario, consumidor y moldeador del conocimiento para un uso particular y privado del mismo, que una identidad de miembro de una comunidad que participa en la reconstrucción social del conocimiento -y de la formación- para su uso público y colegiado. Evidentemente que la práctica otorga la contextualización imprescindible para que el conocimiento docente pueda transformarse en acción posible en la escuela. Pero también es cierto que la práctica, por sí sola, no permite la deliberación sobre los aspectos sociales, políticos y culturales que son consustanciales a la enseñanza.

Nos encontramos, por tanto, en un momento crítico para la reconducción de nuestro pensamiento sobre el conocimiento y la formación, y para la integración de las aportaciones teóricas sobre el conocimiento práctico –que ha sido ignorado por la formación, hasta hace bien poco tiempo- y el conocimiento formal sobre la enseñanza, en una estructura única de conocimiento profesional docente. Es decir, la apelación a la experiencia como fuente de conocimiento y su contextalización en la práctica docente no puede convertirse –como de hecho así está sucediendo- en un escape para negarse a la reflexión y a la tarea racionalizadora que se eleva sobre la experiencia. Su papel debe ser el de un recordatorio continuo de que la formación debe mantenerse cercana al horizonte de la experiencia para no perderse en vericuetos especulativos alejados de la práctica docente. Debemos mantener que en la experiencia reside la fuente original de los contenidos del conocimiento pedagógico que necesita el profesorado pero, también, que los docentes deben acceder a niveles superiores del conocer enriqueciéndose con ulteriores elaboraciones.

Si además, admitimos, que todo acto de conocimiento es el acto de un sujeto que conoce, ello nos obliga a referirnos a la experiencia como dimensión básica del desarrollo docente, concretamente, del desarrollo de su actividad cognoscitiva. La función de la experiencia en el proceso de conocer exige del docente la necesidad de recibir información inmediata y concreta de la realidad a la manera de contenido bruto de su conocimiento. El problema es –superadas las concepciones empirista e innatistas del conocimiento- que la inmediatez absoluta es imposible. La recepción de información de la experiencia ya está mínimamente mediada por la propia conciencia del docente a través de su pensamiento, del lenguaje y de la intención. Pero para constituirse en conocimiento profesional objetivamente válido necesita de las elaboraciones posteriores que facilita la actividad formativa.

Distinguiendo entre los distintos estados de elaboración del conocimiento profesional, Cochran-Smith y Lyttle (2001) han establecido tres niveles progresivos de lo que ellas denominan "*sabiduría docente*": (a) sabiduría en la práctica, (b) sabiduría deliberativa, y (c) sabiduría de la práctica. La *sabiduría en la práctica* es aquella que se origina con la menor mediación de la experiencia, no sin mediación –que no es posible-, mediante procesos psicológicos de bajo nivel de elaboración –a los que Schön denominó "reflexión-en-la-acción"- pero que constituyen un primer sustrato de la conciencia docente a partir de donde se podrán elaborar niveles superiores de conocimiento. La *sabiduría deliberativa* implica una reflexión –grado de eleboración mayor- sobre la práctica –o "sobre-la-acción" (Schön)- a modo de mayor nivel de mediación de la conciencia docente donde pensamiento, lenguaje e intención, juegan una función configuradora mucho más fuerte. La sabiduría de la práctica, o nivel superior del conocimiento docente, alcanza el mayor grado de elaboración y se constituye en el estrato cognoscitivo capaz de orientar la acción profesional de un modo, ahora, plenamente consciente y, por tanto, fuertemente configurado en el pensamiento del docente, bien estructurado en su lenguaje y con una clara intencionalidad para la acción que puede explicitarse y, por tanto, someterse a crítica.

La sabiduría de la práctica es el nivel superior de conocimiento profesional que habiendo surgido de la experiencia –como no puede ser de otro modo- está estructurado en la conciencia de tal manera que puede comunicarse, en su contenido y en sus intenciones, a la comunidad educativa y someterse a crítica desde la propia comunidad o desde cualquier ámbito de la sociedad.

Siguiendo este modelo de niveles de sucesiva elaboración, tendríamos que afirmar los siguiente: *primero*, la dimensión cognoscitiva del desarrollo profesional consistiría en la transformación progresiva de nuevos bloques de información o nuevos ámbitos de problematización de

136

la enseñanza desde su recepción *inmediata* –de baja mediación- en un nivel de conocimiento práctico, hasta su elaboración formal en un nivel de conocimiento superior; *segundo*, la actividad formativa coadyuva en este proceso de varias maneras. Por un lado, como hemos visto, la formación otorga el condicionamiento social que posibilita la mediación de la experiencia en todos los niveles de conocimiento. No sólo proporcionando el lenguaje necesario, la categorización y la jerarquización de los fenómenos educativos, sino señalando nuevos ámbitos de problematización que cada docente, por sí sólo, no puede descubrir. Por otro lado, en cada nivel progresivo de conocimiento, la formación facilita las tareas de elaboración que permiten convertir la información bruta, en contenido elaborado para su uso en la acción.

2.4. Naturaleza práctica del conocimiento docente

Son muchos los estudios en los que se reclama la naturaleza práctica del proceso de construcción de conocimiento sobre la enseñanza. En ellos se enlazan teoría y práctica en la conceptualización del conocimiento profesional lo que nos remite a la consideración de la tarea del profesor como un oficio que se aprende en y a través de la experiencia. La visión de la profesión docente como oficio, ha sido de alguna manera recuperada con el auge de los modelos de aprendizaje constructivistas en las reformas escolares, y los planteamientos epistemológicos en que se fundamentan, que afectan de igual modo al conocimiento del alumno, al conocimiento del contenido curricular y al conocimiento del profesor que orienta el modelo de enseñanza.

Desde una visión interpretativa que se fundamenta en un modelo cognitivo de procesamiento de la información y construcción del conocimiento profesional, podemos sustentar un modelo de transformación de los acontecimientos de la práctica de la enseñanza en cuanto objetos materiales que son, en sujetos mentales de la conciencia del profesor que se estructuran en proposiciones, esquemas y representaciones de la práctica.

Si admitimos la enorme importancia de la experiencia práctica en el contraste de los conocimientos previos y la construcción de un conocimiento personal sobre la enseñanza, habremos de considerar también las interacciones sociales significativas que se producen en la escuela como institución social y que configuran la construcción del conocimiento. La compleja interacción comunicativa en que se encuentran las identidades personales de quienes constituyen la organización escolar, puede ser analizada a través de los mitos, rituales y perspectivas que marcan la vida de la escuela. Desde esta perspectiva los obstáculos epistemólogicos para la construcción del conocimiento a través de la experiencia han sido señalados por Pérez Gómez (1993): (a) la concepción generalizada del aprendizaje como un fenómeno individual antes que social-; (b) la reificación del conocimiento y de la realidad desde una concepción positivista generalizada; y (c) la primacía de la cultura de la apariencia u obsesión por la eficacia en la escuela.

La aportación de Elbaz (1991), nos parece del mayor interés por su estructuración de lo que es el conocimiento práctico. Y esto por dos razones: (i) por la identificación que hace del conocimiento práctico en cinco orientaciones (situacional, teorética, personal, social y experiencial); y (ii) por la estructuración que realiza del conocimiento práctico, poniendo un cierto orden en la comprensión de algo tan complejo: reglas de la práctica, principios prácticos e imágenes. Ya, anteriormente, se empleaba un planteamiento cognitivista para diferenciar tres clases de conocimiento: (i) declarativo (consciente y expresado en el discurso del profesor); (ii) procedimental (manifiesto en el modo de proceder del profesor); y (iii) situacional (referido a la aplicación correcta del conocimiento acumulado en cualquier situación).

El esquema heurístico como herramienta para el análisis epistemológico del pensamiento del profesor, ha sido propuesto por Tochon (1990) quien revisa diversos trabajos para proponer el esquema gráfico derivado de la entrevista, como representación del conocimiento del profesor y que ahora está desarrollando con nosotros (Tochon, 2010). Kelchtermans (2004) ha desarrollado una comprensión del conocimiento práctico que engloba a las creencias sobre la enseñanza y que recoge trabajos previos sobre las teorías de los profesores y el crecimiento profesional.

2.5. Reflexividad en la base del conocimiento

Como denuncia Zeichner (2010) en los últimos 20 años el eslogan de la reflexividad parece estar afectando a todas las prácticas formativas en demasiados países. En la mayoría de esas práctica no hay un esquema de profundización sobre lo que en realidad significa la reflexión docente y para qué sirve. Diríamos que hay mucha confusión. Es cierto que la reflexividad surge como un movimiento de reacción a los planteamientos excesivamente técnicos de la función docente y rechazo a una manera de entender su formación. Pero la reflexividad alcanza su verdadera esencia cuando se encara desde el convencimiento de que la reflexión docente parte de las creencias propias, de la plataforma de comprensión de la escuela y visión del sistema educativo. Y que son esas creencias a partir de las cuáles hay que construir el andamiaje de la reflexión que produce nuevo conocimiento.

Los procesos reflexivos son, como hemos dicho, estrategias básicas para la construcción y generación del conocimiento práctico. Compatibles con la destrezas técnica, para Day, Elliot y Kington (2005) los procesos reflexivos son esenciales en el docente para mejorar los contenidos y resultado de su trabajo. El conocimiento práctico se desarrolla a partir de un proceso reflexivo. Esta premisa ha llevado últimamente a que la investigación sobre formación del profesorado centre su interés en fomentar el desarrollo del profesor considerándolo un práctico reflexivo que salva el vacío existente entre la teoría y la práctica, entre la formación teórica recibida y la experiencia práctica que se va acumulando a lo largo del tiempo. El profesor reflexivo analiza sistemáticamente su propia enseñanza porque desea conocer y comprender el efecto que tienen sus acciones en el grupo de estudiantes. Esta habilidad de reflexionar parece ser central para desarrollar una enseñanza efectiva y está siendo el foco de muchos programas de educación del profesor. La reflexión está siendo tan importante que Zeichner y Tabachnich (1991) la consideran el punto central de la educación del profesor, aunque el potencial que tiene la reflexión para la formación del profesor aún no ha sido explorado ni delimitado plenamente.

La experiencia del profesor es esencial para ir construyendo su conocimiento práctico acerca de la enseñanza; pero unida a esta idea de experiencia debe ir la de reflexión sobre esa experiencia. El práctico reflexivo que es el profesor no construye su conocimiento práctico realizando una simple acumulación de información recogida a lo largo de sus años de experiencia, sino planteando procesos reflexivos y procesos metacognitivos de toma de consciencia para hacer suyas las experiencias que suceden en el transcurso del tiempo. Por tanto, el cambio que se produce en el profesor desde ser un profesor principiante a ser un profesor experto es necesario considerarlo como la construcción de su conocimiento práctico que es el que dirige todo tipo de acciones que se desarrollan en clase. De esta forma, las creencias acerca de la enseñanza y el conocimiento y la práctica de la enseñanza tienden a desarrollarse en íntima relación, ya que son interdependientes e interactivas, progresando de una forma gradual mediante un proceso reflexivo constante a lo largo de la vida profesional.

Existen distintas formas de considerar la reflexión pero desde la perspectiva que pretende desarrollar un profesional reflexivo, la aproximación "narrativa" es la más adecuada (Fernández Cruz, 2010). Desde esta aproximación narrativa la reflexión está enclavada dentro del contexto donde el profesor trabaja, construyéndose bajo una línea antropológica y colaborativa. Los resultados de este tipo de reflexión son evaluados más por su relevancia local y significativa que por su generalización, ya que el propósito de este tipo de reflexión es hacer salir a la superficie la visión práctica inconsciente de la enseñanza que posee cada profesor, para ir fomentando en él un desarrollo personal y profesional.

El principio básico del movimiento de práctica reflexiva implica un reconocimiento del profesor en un papel activo, considerándolo capaz de formular los propósitos y fines de su trabajo y de jugar un papel esencial en el desarrollo del currículo y la reforma de la escuela. La reflexión también significa reconocer que la generación del conocimiento acerca de la enseñanza no es exclusivo de los profesores de la universidad y de los centros de desarrollo e investigación, sino que se reconoce que los profesores también tienen teorías que pueden contribuir a codificar la base de conocimiento para la enseñanza (Cochran-Smith y Lytle, 2001).

140

La reflexión, como lema para la reforma de la formación del profesorado, también significa un reconocimiento de que el proceso de aprender a enseñar continúa a lo largo de todo la vida profesional de los docentes. Esto implica que los futuros profesores deben, durante su entrenamiento inicial, adquirir un hábito que llegue a hacerse rutinario para poder reflexionar, estudiar y analizar la enseñanza a lo largo de toda su carrera profesional.

3. Cultura profesional

3.1. Identificación social

Para enfatizar la naturaleza personal de la enseñanza, se ha hecho necesario conceptualizar el término de identidad profesional. Nos hemos fundamentado en una perspectiva interaccionista simbólica para afirmar que la identidad es una construcción del sí mismo como objeto que se experimenta en las relaciones con los demás. A través de interacciones repetidas en el tiempo se internaliza tanto la actitud de los demás, cuanto la imagen que puede percibirse en los demás de la actitud propia, como la actitud colectiva de los grupos sociales organizados. Luego la construcción de la identidad es un fenómeno de interacción social. De esta manera se añade un importante matiz al concepto más radicalmente individual de la identidad cuando se entiende que no sólo se constituye como una manera de conseguir sentirse diferente de los demás, sino que simultáneamente permite sentirse a uno mismo como clasificado con individuos a los que uno se considera asociado o quisiera considerarse asociado. El balance en esa tensión bipolar que genera cierta ambigüedad (Gioia, 1998) permite una función adaptativa al entorno social. Esa ambigüedad nos permite mantener un autoconcepto de complejidad por el que soy capaz de mantener en mí creencias, valores, actitudes o comportamientos contradictorios. Esta ambigüedad también me permite contemplar mi autoimagen como algo que evoluciona en el tiempo.

En cuanto proceso de identificación personal con un grupo social, los estudios sobre la identidad profesional docente arrancan de un supuesto básico de partida común: los profesores son personas que construyen una percepción del oficio al que van a dedicar su actividad ocupacional y la desarrollan en sus relaciones con los demás. Esta construcción puede concebirse como un proceso subjetivo basado en las propias metas y motivaciones personales, o como un proceso social de identificación colectiva con el grupo total de individuos que se dedican al mismo oficio, a la vez que con grupos y subgrupos específicos de miembros de ese colectivo general.

A partir del desarrollo de la teoría de la identidad social (Hogg y Terry, 2001) comprendemos cómo una categoría social (p. e. una profesión) proporciona una definición de quién es uno en términos de las propias características con que es definida esa categoría proporcionándonos un autoconcepto. La teoría de la identidad social conecta tres procesos socio-psicológicos básicos: (a) la categorización social, esto es la tendencia de los individuos a percibirse a sí mismos y a los demás en términos de categorías sociales particulares y no como individuos diferentes; (b) la comparación social, autorealce o tendencia a evaluar el valor relativo de los grupos y de los individuos por comparación con otros grupos en dimensiones relevantes; y (c) la identificación social que imposibilita a las personas relatar generalmente las situaciones sociales como observadores distanciados, sino que, su propia identidad se implica en sus percepciones de, y respuestas a, la situación social. La identidad social es, por tanto, descriptiva, pero también prescriptiva pues normativiza las conductas intragrupo e intergrupos y es también evaluativa. Por tanto, los miembros del grupo están motivados para adoptar estrategias conductuales de mejora para favorecer las relaciones comparativas entregrupos.

Pratt (2001) explica los procesos de identificación social mediante estas cuatro categorías: (a) identificación positiva o *identificación*, cuando existe coherencia o consonancia entre las identidades individual y colectiva; (b) *desidentificación*, cuando no ocurre esa coherencia o hay consonancia justo con los valores contrarios (esto es, identificación con las críticas a la organización que vienen de elementos externos); (c) *identificación ambivalente*, cuando existen elementos de consonancia con elementos positivos internos y negativos externos a la vez; y (d) *deidentificación,* o identificación neutral cuando no existe identificación con ningún elemento ni de manera positiva ni negativa. O se produce un proceso de ruptura en el proceso de identificación.

La teoría de la autocategorización (Hogg y Terry, 2001) explica un proceso cognitivo grupal mediante el que se acentúan las similaridades dentro del grupo y se produce una despersonalización de sus miembros. Una noción esencial de la auto-categorización es la de prototipo. La personas representan cognitivamente al grupo en forma de prototipo. Los prototipos no son listas de atributos de similaridades, sino conjuntos borrosos de características captadas en situaciones contextuales de comportamientos de miembros ejemplares o ideas típicas extraídas de estos comportamientos. Los prototipos representan todos los atributos característicos del grupo que los distinguen de otros grupos, incluyendo creencias, actitudes, sentimientos y conductas. Los prototipos maximizan las similaridades internas y las diferencias intergrupales y así definen al grupo como una entidad diferente. Los prototipos son compartidos por los miembros del grupo. Los prototipos se almacenan en la memoria y son construidos, mantenidos y modificados en función de su perduración en el contexto interactivo social. Este contexto es particularmente cambiante. Los cambios en los prototipos surgen de la comparación relevante con otros grupos a través del tiempo. Así, la identidad social es dinámica y el cambio depende de las relaciones comparativas entre grupos. Dentro del grupo, las personas pueden diferenciarse entre sí en términos de cuánto de bien encajan ellos el prototipo. Existe, pues, un gradiente prototípico intragrupo. Este proceso explica la cohesión y atracción grupal, el liderazgo, la diferenciación estructural y el desvío.

Pero los docentes, también son tributarios de otras identidades sociales que no coinciden necesariamente con el ámbito institucional y que configuran su modo particular de identificación con la institución educativa. Ashforth y Johnson (2001), rescatan los conceptos de identidades anidadas e identidades transversales para explicar el entramado de identificaciones sociales que permiten comprender la identidad profesional. Las identidades anidadas pueden ser: (a) inclusiva/exclusiva, pues dentro de una organización, a nivel más pequeño, pueden existir grupos que sean mutuamente excluyentes (distintos departamentos) o que no lo sean y estén formados por personas de distintos departamentos; (b) abstracta/concreta en función de la organización del trabajo y su localización en torno a la consecución de objetivos generales de la organización (abstracta) o funciones concretas; y (c) distal/proximal en la medida en que determinan un clima y cultura determinada de trabajo o son más distantes y causan menos presión.

Los individuos tienden a personalizar su identidad social encontrando vías idiosincrásicas de expresión. Pero además son tributarios de distintas identidades sociales transversales (la organización sindical a la que pertenecen o su opción o afiliación política, la cultura propia del nivel educativo en el que trabaja, etc.). La distinción entre los aspectos personales y los colectivos de la identidad profesional nos permite afirmar que lo social es el marco de relaciones de lo individual, es decir otra dimensión pero no algo distinto. Así podemos establecer cuatro elementos que definen a una comunidad ocupacional: (i) considerarse a sí mismos implicados en el mismo trabajo; (ii) identificarse con el trabajo; (iii) compartir un conjunto de valores, normas, sus estrategias de aplicación en el trabajo; y (iv) extender las relaciones más allá del trabajo. La implicación de este análisis para el mundo de la práctica es que los límites del grupo de identificación profesional no tienen que coincidir con los límites de la escuela como organización. Al menos podríamos tres ámbitos sociales de la identificación profesional:

(a) *El grupo de referencia de dentro de la escuela.* Podemos desarrollar una teoría sobre la identificación colectiva de los docentes en base a la búsqueda de apoyo social y cognitivo para su visión de la escuela y su compromiso educativo. Así se constituyen grupos de colegas dentro de la escuela entre comparten valores e intereses. Desde una perspectiva más crítica se habla de constitución de *alianzas* en base a la contraprestación recíproca de apoyos entre docentes para defender intereses comunes en el seno de la organización escolar.

(a) *La escuela como grupo de referencia.* Pero, sin duda, la escuela como institución puede generar una identificación colectiva de todo su profesorado con los objetivos marcados, los proyectos en marcha y los logros obtenidos hasta el punto de identificar el éxito profesional con el éxito de la organización.

(b) *El grupo de referencia de fuera de la escuela*. Más allá de la escuela, el grupo de trabajo, el sindicato, o incluso, el cuerpo, dentro de la función pública, constituyen otros grupos de identificación profesional colectiva o ámbitos en los que se comparten visiones, planteamientos, principios educativos e intereses entre sus miembros.

En suma, las organizaciones escolares como unidades sociales diferenciadas pueden reproducir identidades sociales más amplias, en las que se inserta el profesorado. Pero también pueden generar otras identidades sociales específicas e incluso subculturas diferentes dentro del seno de la misma organización. Si admitimos que la identidad social es el marco colectivo que se interioriza en el proceso de construcción de la identidad profesional, y que la escuela, como estructura organizativa diferenciada, configura determinadas concepciones sobre la educación y la enseñanza, así como determinados estilos en el desarrollo de las tareas, aceptaremos que la cultura organizativa puede determinar buena parte de la identificación profesional de los docentes.

Esta cultura organizativa puede analizarse desde dos ópticas complementarias:

(a) Como tributaria de las matrices culturales de integración objetiva de los profesores, o poder formal que configura la estructura organizativa de la actividad de la enseñanza, en inserción con el contexto local en que se desarrolla. Esto no es otra cosa que las variables culturales externas presentes en el seno de la organización que interfieren la definición de una identidad profesional singular.

(b) Como elemento unificador y diferenciador de las prácticas de la organización, que comporta dimensiones de integración de las variadas subculturas de sus miembros y de adaptación al medio social y organizativo envolvente.

3.2. Puentes y fracturas en la dinámica de la identidad organizativa

Las organizaciones son grupos internamente estructurados que se localizan en redes complejas de relaciones intergrupales que se caracterizan por su poder, status y prestigios diferenciales. En distintos grados, las personas derivan parte de su identidad personal y sentido de sí mismo a las organizaciones y grupos profesionales para que ellos lo continúen. Incluso para muchos la identidad colectiva de sus grupos y organizaciones puede ser más importante que las similaridades identitarias basadas en el género, la edad o la nacionalidad.

Para Albert (1998) la identidad captura las características esenciales de una organización. Estas características pueden agruparse en tres dimensiones, la identidad organizativa es (a) lo que está asumido por los miembros de la organización como central en esa organización; (b) lo que hace a la organización distinta de las otras organizaciones (cuando menos a los ojos de sus miembros); y (c) aquello que es percibido por sus miembros como el conjunto de características que enlazan el presente de la organización con el pasado (y presumiblemente el futuro). Las organizaciones mantienen su identidad en las interacciones con otras organizaciones mediante procesos de comparación interorganizacional a través del tiempo. Las organizaciones buscan, al tiempo que acentuar las diferencias, buscar similaridades con otras que pueden pertenecer a una mis clase y con las que se está o se quisiera estar asociado. Pero haya o no diferencias substantivas con otras organizaciones, mucho más importante es que los miembros de la organización consideren que esas diferencias existen y, por lo tanto, se implican frecuentemente en esfuerzos para fomentar la idea compartida de la identidad colectiva diferenciada.

Al igual que los individuos, las organizaciones pueden asumir una multiplicidad de identidades, las más apropiadas para un contexto o audiencia. Las organizaciones se reconocen como entidades complejas con distintos componentes, luego es más fácil aceptar que jueguen distintas identidades ante diferentes audiencias. Así, las organizaciones pueden presentar una identidad complicada y multifacética multiplicada por el juego de distintos roles que asume cada componente en sus dominios respectivos. Pero, en contra de lo que sucede con las identidades personales la identidad colectiva es mucho más fluida que la identidad individual. El corazón de la identidad colectiva puede cambiar mucho más rápido de cómo lo hace la identidad individual. Los cambios contextuales que afectan a las organizaciones las obligan a reconstruir su identidad para adaptarse a las nuevas situaciones. Frente al balance de la tensión entre diferencia y similaridad que es predominante en la identidad individual, la identidad colectiva (que también posee la anterior) se caracteriza por el balance continuo entre estabilidad y fluidez que le permite desarrollar una cierta capacidad adaptativa. La necesidad de sobrevivir en un mundo dominado por la imagen, la reputación, la competencia y la mejora, obliga a las organizaciones a equilibrar estabilidad y fluidez. Eso es lo que diferencia la identidad individual de la colectiva.

La identidad es construida. En términos generales, quién construye la identidad colectiva, y para qué, determina en buena medida su contenido simbólico y su sentido para quienes se identifican con ella o se colocan fuera de ella. Puesto que la construcción social de la identidad siempre tiene lugar en un contexto marcado por las relaciones de poder, se puede proponer una distinción entre tres formas y orígenes de la construcción de la identidad colectiva:

(a) *Identidad legitimadora*: introducida por las instituciones dominantes de la sociedad para extender y racionalizar su dominación frente a los actores sociales, un tema central en la teoría de la autoridad y la dominación pero que también se adecua a varias teorías del nacionalismo.

(b) *Identidad de resistencia*: generada por aquellos actores que se encuentran en posiciones/condiciones devaluadas o estigmatizadas por la lógica de la dominación, por lo que construyen trincheras de resistencia y supervivencia basándose en principios diferentes u opuestos a los que impregnan las instituciones de la sociedad, y que explican el surgimiento de las políticas de identidad.

(c) *Identidad proyecto*: cuando los actores sociales, basándose en los materiales culturales de que disponen, construyen una nueva identidad que redefine su posición en la sociedad y, al hacerlo, buscan la transformación de toda la estructura social. Es el caso, por ejemplo, de las feministas cuando salen de las trincheras de resistencia de la identidad y los derechos de las mujeres para desafiar al patriarcado y, por lo tanto, a la familia patriarcal y a toda la estructura de producción, reproducción, sexualidad y personalidad sobre la que nuestras sociedades se han basado a lo largo de la historia.

Naturalmente, las identidades que comienzan como resistencia pueden inducir proyectos y, también, con el transcurrir de la historia, convertirse en dominantes en las instituciones de la sociedad, con lo cual se vuelven identidades legitimadoras para racionalizar su dominio. En efecto, la dinámica de las identidades a lo largo de esta secuencia muestra que, desde el punto de vista de la teoría social, ninguna identidad puede ser una esencia y ninguna identidad tiene, per se, un valor progresista o regresivo fuera de su contexto histórico. Un asunto diferente, y muy importante, son las beneficios de cada identidad para la gente que pertenece a ella.

Cada tipo de proceso de construcción de la identidad conduce a un resultado diferente en la constitución de la sociedad. Las identidades legitimadoras generan una sociedad civil, es decir, un conjunto de organizaciones e instituciones, así como una serie de actores sociales estructurados y organizados, que reproducen, si bien a veces de modo conflictivo, la identidad que racionaliza las fuentes de la dominación estructural. El segundo tipo de construcción de la identidad, la identidad para la resistencia, conduce a la formación de formas sociales basadas en el comunitarismo. Puede que éste sea el tipo más importante de construcción de la identidad en nuestra sociedad. Construye formas de resistencia colectiva contra la opresión, de otro modo insoportable, por lo común atendiendo a identidades que, aparentemente, estuvieron bien definidas por la historia, geografía o la biología, facilitando así que se expresen como esencia las fronteras de la resistencia. El tercer proceso de construcción de la identidad, la identidad proyecto, produce *sujetos* con el deseo de ser un individuo, de crear una historia personal, de otorgar sentido a todo el ámbito de las experiencias de la vida individual.

3.3. Enfoque narrativo de la dinámica de la identidad organizativa

Humphreys y Brown (2002), asumen que la identidad, individual y colectiva, y los procesos de identificación que unen a las personas con las

148

organizaciones, se constituye en narrativas personales y compartidas que producen las personas en un esfuerzo para darle sentido a su mundo y encontrar significado a sus vidas (Fernández Cruz, 2010). Los intentos de los gestores para controlar los procesos de formación de la identidad organizativa y la lograr la identificación positiva de los participantes son interpretables como actos hegemónicos necesarios para la legitimación de objetivos.

La práctica del diálogo promueve comprensiones compartidas, permite realidades negociadas, y permite, hasta cierto grado, la coherencia colectiva, la consistencia y la continuidad. No obstante queda claro que las organizaciones no son monolíticamente discursivas sino plurales y polifónicas e incluyen múltiples prácticas dialógicas que ocurren simultáneamente y secuencialmente. Dentro de las organizaciones, los individuos y grupos tienen alguna libertad para escribir su propia realidad, aunque siempre en la manera que determina el discurso social disponible.

Dentro de las organizaciones las fuerzas centrípetas movilizadas por los grupos dominantes producen significados compartidos y comprensiones con las que buscan imponer su propia percepción monológica y unitaria de la verdad. Existen dinámicas mediante las cuáles las élites buscan la aceptación de lo que son elementos fundamentales en su identidad narrativa, lo central, lo distintivo y lo duradero en la organización. Los gestores buscan la aceptación de sus políticas. Para mantener la aquiescencia y el compromiso y mejorar la progresión de sus carreras, necesitan fomentar una visión de sí mismos y de sus carreras como legítimos, particularmente a través de la producción de narrativas juiciosas. Igualmente para evitar acusaciones de negligencia o irracionalidad, las organizaciones deben lograr un status de legitimidad en sus contextos sociales promoviendo relatos que muestren su congruencia o isomorfismo en valores y normas que promueven la aceptación de estructuras y comportamiento. Existe un alto grado de recíproca interdependencia entre las necesidades de legitimidad individuales y colectivas y la salud organizativa alimentada simbióticamente con las ventajas que el orden proporciona. Hay, además, una tendencia natural por parte de los individuos para identificarse (y atribuirle legitimidad) con la organización profesional a la que pertenece como resultado de un cálculo racional de interés, y asumir congruencia entre lo que es recto y bueno y las características centrales de la organización. En orden a mantener un nivel aceptable de autoestima (Wegge, y Haslam, 2003), los individuos están abrumadoramente volcados a mirar su organización como legítima, motivados a mejorar su imagen externa y defenderla de los ataques percibidos. Aún así, los procesos de identificación tienden a ser algo más complicados, diversos y elaborados.

En parte porque la identidad narrativa que caracteriza a las organizaciones es compleja y evolutiva y quizás por ello, contiene múltiples inconsistencia e incongruencias, hay que admitir que el funcionamiento en contra de las fuerzas centrípetas de la organización conforma un poder centrífugo que podemos llamar heteroglosia o polifonía. Los miembros de la organización mantienen alguna capacidad de leer y producir su propia realidad y así oponerse a las imposiciones centrales. Y eso queda registrado en sus narrativas.

* * *

Lo que hemos aprendido

1 Los procesos básicos del desarrollo profesional al que deben dedicarse nuestros esfuerzos formativos son: identidad profesional, conocimiento profesional y cultura profesional.

2 La identidad profesional tiene una naturaleza dinámica y a lo largo de la carrera sigue un proceso de construcción, deconstrucción y reconstrucción continuos.

3 La identidad profesional está ligada a aspectos ideológicos de identificación profesional y a otros aspectos identitarios ajenos a la profesión.

4 Podemos establecer formas identificatorias –institucional, red, oficio y exterior- que ayudan a comprender la implicación de los profesionales con las instituciones educativas, con los procesos formativos y con el desarrollo de sus propias carreras.

5 Entre los profesionales de la educación encontramos aspectos centrales de identificación referidos a la imagen social, a la centralidad en el trabajo, al estrés y burnout, a las satisfacciones y a las insatisfacciones en el desempeño. Algunas de estas situaciones están en el origen de las crisis de identidad profesional.

6 El conocimiento profesional en educación está condicionado socialmente, orientado a la acción de información y permite la objetivación de la experiencia educativa.

7 El conocimiento profesional se adquiere desde la formación y desde la experiencia. En todo caso tiene una naturaleza eminentemente práctica.

8 La reflexividad está en la base de adquisición y reconstrucción del conocimiento profesional. La reflexividad es clave para la formación y el desarrollo de profesionales de la educación.

9 Con la cultura profesional se interacciona mediante procesos de identificación social y organizativa.

10 La cultura profesional se internalizar con la adscripción a grupos de referencia profesionales. Estos procesos de internalización generan puentes y genera fracturas con la cultura institucional y organizativa.

Cuestiones prácticas

1 A partir de la reflexión sobre cada uno de los elementos que permiten componer el cuadro de formas identificatorias, en torno a los conceptos de racionalidad profesional, lógica salarial y actitud ante la formación, intenta aproximar tu situación profesional actual a una forma identificatoria predeterminada –empresa, red, oficio o exterior-. Justifica la situación de continuidad o ruptura biográfica, y reconocimiento o no reconocimiento social que permiten explicar tu forma identificatoria. Imagina tus decisiones profesionales a medio plazo. Presenta un informe de todo ello.

2 Describe brevemente cuáles son tus grupos de referencia profesional. Intenta justificar si el grupo interno a la institución en la que trabajas al que te adscribes, ostenta una identidad legitimadora de poder, de resistencia o de proyecto. Explica por qué.

Cuestiones de indagación

Asiste a una sesión formativa (clase escolar, seminario o taller de formación) con ánimo de observarla y describirla. Toma notas sobre todo cuanto sucede. Grábala en audio. Pon atención al tipo de interacción entre formador y alumnos o participantes. Una vez acabada la observación, revisa tus notas, escucha el audio y trata de componer una viñeta narrativa (de tres o cuatro páginas) que describa cuanto sucedió en la sesión desde tu perspectiva de observador. Añade a la viñeta tus comentarios sobre las estrategias prácticas que usa el formador para acercar el contenido de formación a los participantes, para motivar y mantener la atención, para hacer significativo el aprendizaje, para facilitar la transferencia de otros y con otros conocimientos, para facilitar retroalimentación, u otros aspectos de su desempeño que te llamen la atención y que puedan informarnos sobre el tipo de conocimiento práctico sobre la formación que exhibe el formador. Categoriza los hallazgos en términos de estrategias didácticas y revisa la información disponible sobre cada una de ellas. Redacta un informe completo que contenga: (a) la viñeta narrativa; (b) los comentarios del observador; (c) las estrategias analizadas contextualizadas en su marco didáctico. Presenta el informe al formador observado y discute, reflexiona, valida en una conversación con él, el informe realizado. Revisa el informe previo con las aportaciones de la entrevista. Eleva el informe sobre la práctica profesional a definitivo.

CAPÍTULO 5

Pautas de intervención

El profesor Dr. Miguel Fernández Pérez, de recuerdo entrañable, solía cuajar sus conferencias de anécdotas que ilustraban bien la profundidad del fenómeno de la formación. En el año 2000, visitaba mi Universidad con motivo de su intervención en el primer curso de formación y mejora de la actividad docente (que yo tuve el honor de organizar), para dirigirse a un grupo de jóvenes profesores universitarios que querían avanzar en la mejora de su práctica formativa. Y arrancó su discurso con una anécdota que yo hice mía y llevo como auténtico lema de campaña cada vez que entro en un aula. Miguel Fernández Pérez lo había aprendido de un premio Nobel de Medicina cuando, junto a un grupo de compañeros, paseaba por el parque que rodeaba la Facultad una tarde de otoño y señaló una de las innumerables hojas caídas que alfombraban el suelo, preguntándose: "¿Saben ustedes qué es esto?". A muchos de los presentes se les ocurrió que podrían responder (no lo hicieron por cortesía): "Elemental... tan sólo una hoja de árbol". De hecho, hubo un despierto estudiante que, tras cerciorarse, inclinándose sobre la hoja, de que no había nada especial sobre ella digno de aquella pregunta (algún diminuto insecto, alguna gota de una sustancia líquida, etc.) se atrevió a contestar la obviedad: "Pues una hoja de árbol, señor". El premio Nobel, casi atropellando la última palabra del osado estudiante, le replicó: "Qué vulgaridad. Esto no es una hoja de árbol. Esto es un montón de misterios."

Pues bien, los formadores nos enfrentamos cada día a objetos algo más complejos que una simple hoja de árbol. Y entramos en el aula con una seguridad temeraria, sin que nos tiemblen las piernas ni el cerebro. Con ninguna pregunta ante ningún enigma, que es por donde nace todo progreso pensable, por una pregunta. "Conclusión obvia", decía Miguel Fernández Pérez, "un buen formador nunca da clase sino que investiga cómo darla". El aula está llena de alumnos, de participantes en nuestras actividades formativas, que son un verdadero misterio, de los que hay que aprender cada día, como resolver el complejo proceso de la enseñanza. Un formador es un investigador, antes que un lector de apuntes. Entendida así la formación, no nos cabe más que recopilar principios de intervención extraídos de la experiencia personal y de la experiencia acumulada por la comunidad profesional que revisamos de manera continua, no como itinerario seguro que nos garantice el éxito en nuestro deambular por el camino pedregoso de la formación, sino como brújula que nos permite alcanzar algunos puntos de referencia con los que hacer un camino particular en cada contexto concreto, intentando desvelar las claves del misterio que nos aguarda. A eso dedicamos este capítulo.

1. Claves didácticas de la formación y el desarrollo profesional

Vamos a articular la revisión sobre claves didácticas para la formación y el desarrollo de los profesionales de la educación en torno a los siguientes focos:

(a) Modelo de formación por competencias

(b) Principios didácticos de intervención

(c) Organización de un entorno de aprendizaje profesional constructivo

1.1. Modelo de formación por competencias

Un modelo de construcción de conocimiento profesional debe basarse en la facilitación al alumno de la adquisición de capacidades, habilidades, o competencias concretas para la realización de una tarea profesional en circunstancias determinadas, como objetivo de la intervención. Las capacidades pueden estar referidas preferentemente al campo cognitivo e intelectual, al campo de las destrezas, al campo afectivo y emocional, al campo comunicativo y relacional o al campo de la propia inserción socio-profesional. Aunque, en la mayoría de las ocasiones, se refieren a más de uno de estos cinco campos del desarrollo humano y del aprendizaje. El profesional adquiere las capacidades enfrentándose a visiones limitadas de la realidad o situaciones prácticas de intervención a partir de las cuales pueda observar o descubrir perspectivas nuevas de la realidad o ensayar respuestas no previstas en su estructura previa de conocimiento. Y esto se puede hacer practicando, analizando la práctica de otros (mediante el análisis de casos, por ejemplo) o estudiando resultados de la investigación que le ofrecen nuevas visiones de alguna parcela del mundo de la práctica.

La formación pretende, con carácter general, capacitar profesionales altamente cualificados para la intervención, para el análisis crítico de la realidad sobre la que se interviene y para la producción de nuevo conocimiento a través de la investigación. Así, en el perfil profesional se especifican las competencias generales de alto nivel (referidas a la intervención, al análisis crítico y a la investigación) que los profesionales deben lograr. Siguiendo un modelo coherente de planificación, sabemos que estas competencias de carácter general se refieren a la movilización de recursos de todo tipo que incluyen conocimientos, destrezas y capacidades concretas que esperamos que el profesional alcance como fruto de la intervención formativa que recibe en cada uno de los tramos en que fragmentemos la formación: temas (lección, unidad didáctica....), módulos (bloque, núcleo temático....), materias, seminarios, talleres o cursos. Por tanto, la formación finalmente alcanzada por los profesionales no debiera comprenderse como la suma de lo aprendido en cada tema, en cada módulo, en cada materia... sino, justo al revés, que lo aprendido en cada tema, en cada módulo en cada materia... tiene el valor superior de su contribución a la formación integrada que se pretende y que se especifica en el perfil profesional.

Resumiendo, la formación debe facilitar la adquisición de recursos que se integren en el perfil profesional definido. Las competencias propuestas expresan, pues, los resultados de la formación, y el resto de componentes del modelo se articula en coherencia con ellas: la selección y secuenciación de contenidos, las actividades de aprendizaje propuestas, los medios empleados y la evaluación de los aprendizajes logrados.

Por ello, las actuales propuestas pedagógicas para la formación académica en todos sus niveles, áreas, materias y contextos, abogan por un enfoque curricular o formativo basado en competencias. También en el caso de la formación de profesionales de la educación Keeley-Browne (2009). De esta manera, las competencias han llegado instaurarse en el trabajo de los educadores, primero, como una moda, después como una nueva exigencia burocrática, sin que hasta la fecha hayamos hecho una reflexión suficiente del alcance que puede tener adoptar el nuevo enfoque curricular, hayamos provisto a los profesionales de guías de apoyo para integrar las competencias en el conjunto de los elementos curriculares – objetivos, contenidos, metodología, evaluación-, y hayamos calculado el verdadero impacto positivo que pueda tener la adopción de este enfoque en términos de mejora de la calidad de los procesos formativos y, dentro de ello, en aspectos tan específicos como el de la formación profesional.

Uno de los problemas más serios que arrastramos para la comprensión y adopción de los enfoques formativos basados en competencias está en la polisemia del término competencia que se justifica desde las distintas tradiciones en que se genera y de los distintos fines con que se adopta en los sistemas formativos, que ya denuncia Navío (2005). Tenemos que señalar, al menos, cuatro circunstancias, recientemente analizadas por Coll (2009), que están en el origen de la emergencia de las competencias.

La primera es su uso como constructo de la psicología cognitiva, ya desde los años 70, para referirse a una manera específica de definir y evaluar los resultados de un proceso de aprendizaje. Se trata de una tradición relacionada con los avances de la psicolingüística desde los que se acuñó el término "competencia comunicativa" para referirse al uso eficaz del lenguaje en actos de comunicación particulares. Para el aprendizaje escolar de las lenguas, el concepto de competencia comunicativa ha tenido tanto éxito que progresivamente se ha ido extendiendo a otras áreas instrumentales como las matemáticas. Por tanto, podemos hablar de la progresiva instauración en la escuela básica de experiencias de enseñanza-aprendizaje basadas en el trabajo por competencias en diversas áreas curriculares. Experiencias con mucho éxito en lenguas y matemáticas que se transfieren al resto de áreas y materias de los planes de estudios.

De manera paralela al desarrollo de estas experiencias, la formación de profesionales en todos sus niveles (inicial, medio, superior, universitario), ha ido transformando el concepto de cualificación por el concepto de competencia. ¿Por qué competencia mejor que cualificación? La cualificación para el ejercicio de un puesto de trabajo estaba definida en términos de las necesidades de desempeño específicas del puesto de trabajo. La caducidad del desempeño al hilo de los cambios cíclicos en los propios puestos de trabajo, generan caducidad en la cualificación profesional. Frente a ello, la competencia se revela como una nueva manera de enfocar la formación profesional que no caduca, puesto que no se define en términos del puesto de trabajo sino en términos de movilización de recursos para enfrentarse a problemas conocidos o, por analogía y transferencia, a problemas nuevos, a tareas futuras no previstas. Desde esta segunda tradición podemos hablar de competencias profesionales. No tienen el mismo origen las competencias curriculares y las competencias profesionales y no conducen al mismo enfoque de la enseñanza. Es en el ámbito universitario, donde coinciden definitivamente ambas tradiciones, donde mayor dificultad albergan los formadores para encarar un nuevo enfoque formativo.

La tercera circunstancia se refiere al efecto regulador que la evaluación tiene del proceso educativo. El impacto de las evaluaciones de diagnóstico de los sistemas educativos y universitarios (Fernández Cruz y Gijón, 2011) tanto regionales como nacionales, y la trascendencia mediática de las evaluaciones comparadas de carácter internacional como la evaluación PISA que desarrolla la OCDE -no sólo para sus estados miembros-, se están basando en el dominio de competencias curriculares concretas del conjunto de alumnos para medir la calidad relativa de los sistemas educativos, detectar sus carencias y orientar la toma de decisiones política. En la práctica están sustituyendo un modelo curricular regulado de manera prescriptiva por los currículos básicos, por un modelo regulado por la evaluación de competencias. Esta nueva regulación produce alteraciones que justifican la nueva moda del trabajo por competencias y la introducción, al menos burocrática, del nuevo elemento curricular.

La cuarta circunstancia, la necesidad de buscar un sistema de homogeneización y transparencia de la certificación de aprendizajes logrados, sobre todo en el ámbito transnacional, ha llevado a tomar decisiones como el establecimiento de sistemas generales de certificación de competencias y el establecimiento de suplementos a los títulos profesionales con la expresión de competencias alcanzadas.

El problema de la polisemia del término competencia nos obliga a determinar con claridad a qué nos estamos refiriendo exactamente cuando usamos el término y a conocer la tradición formativa desde donde lo retomamos, la cantidad de posibles buenas prácticas que recomiendan su uso en condiciones contextuales y organizativas concretas y que son transferibles, así como la posibilidad de transferencia de esas buenas prácticas. No es lo mismo referirse a competencias básicas que a competencias curriculares o competencias profesionales. No podemos hablar en formación de competencias a secas y de manera genérica.

La introducción por los sistemas educativos del uso de competencias en los diseños curriculares ha obligado a un cierto artificio en el diseño que no ha logrado una verdadera integración del nuevo constructo. Si han sido tradicionalmente los objetivos el elemento curricular con el que hemos marcado los logros previstos del aprendizaje, ahora son las competencias las que aparecen como definición del logro. Igualmente es necesario clarificar la función que los contenidos académicos juegan en el logro de las competencias. Aunque hablemos de competencias curriculares, las competencias entendidas como capacidad de movilización de recursos de todo tipo, no sólo cognitivos, sino comunicativos, sociales y emocionales, hacen referencia al dominio de contenidos académicos dentro de un espectro mucho más amplio de conocimientos, disposiciones, habilidades y destrezas del alumno o aprendiz. Habrá que distinguir claramente cuál es el papel del contenido académico en el logro de la competencia y definir bien los objetivos asociados a cada competencia.

Igualmente, habrá que diseñar las nuevas actividades prácticas, las ayudas docentes y el marco metodológico que hagan posible el desarrollo de competencias en las instituciones formativas. Finalmente, si bien las competencias se comprenden como una manera apropiada para abordar la evaluación de aprendizajes, no estamos aún dotados de herramientas suficientemente eficaces para captar evidencias observables del logro de las competencias, distinguiendo de manera clara –como se hace en psicolingüística- entre competencia y actuación.

Es cierto que no tenemos aún resuelto el problema de la certificación del logro de los aprendizajes básicos a través de las competencias básicas y la relación de estas competencias básicas con el resto de competencias curriculares de todas las materias y los contenidos académicos básicos. Pero la reflexión y la resolución progresiva de estos problemas no resueltos nos permitirá avanzar hacia un nuevo Enfoque Curricular Basado en Competencias en todos los niveles educativos. La reflexión, además nos permitirá adentrarnos en el principal problema que encontramos cuando abordamos el debate de las competencias: ¿de qué enfoque de competencias estamos hablando?

Coll (2009) reconoce, al menos, tres enfoques distintos de competencias que se confunden en el abordaje que en la actualidad están realizando los docentes. El primero de ellos, posiblemente heredado de la tradición de competencias acuñada en la formación de profesionales y, en todo caso, tributario del arraigo del paradigma conductista en la educación de los años 70, es el que confunde competencia con actuación concreta y conducta observable y medible. Concebir las competencias de esta manera nos lleva a un retroceso en los avances de los planteamientos curriculares de los años 90. El segundo enfoque es el que confunde competencia con capacidad. Aunque mantiene la aportación del paradigma cognitivo al enfoque curricular, lo hace con tal reduccionismo que no aporta nada nuevo a la escuela, fuera de la introducción del término de moda, la competencia, y reduce el potencial de movilización de todos los recursos disponibles, que lleva implícito su concepto.

La propuesta de Coll es que se aborden las competencias desde una perspectiva constructiva, sociocultural y situada. Desde esta tercera perspectiva teórica se le concede una especial importancia al contexto de adquisición y uso de la competencia. Se trata de no buscar el origen de la competencia en la mente del alumno sino en su participación en determinadas actividades prácticas de naturaleza sociocultural. Una participación que para ser eficaz, esto es, para responder a las expectativas de los otros participantes, obliga a movilizar recursos de naturaleza muy diversa, tanto internos −aptitudes, capacidades, conocimientos, motivación, habilidades y destrezas, hábitos, actitudes y valores, etc.-, como externos −materiales, artefactos técnicos y simbólicos, ayudas de otras personas, etc.-. Esto obliga a concretar el planteamiento curricular en actividades y prácticas socioculturales en la que nos parece que los alumnos pueden llegar a participar de manera eficaz. A partir de ahí, necesariamente, habrá que precisar en qué consiste una participación eficaz, un desempeño competente en esas prácticas, y qué recursos internos y externos es necesario adquirir o desarrollar, movilizar y articular para conseguirlo. En resumen, el trabajo por competencias desde esta perspectiva constructiva, sociocultural y situada tendrá estos tres elementos: definición de actividades y prácticas socioculturales concretas, definición de indicadores o criterios de valoración del desempeño eficaz en esas actividades y precisión de los recursos internos y externos de movilización, que el profesional puede adquirir o desarrollar mediante la formación.

La formación de profesionales de la educación debe orientarse de una manera que haga posible el cambio hacia el nuevo enfoque curricular. Debe centrarse también en la práctica constructiva, sociocultural y situada, antes que en la pedagogía de los principios teóricos, para lograr que los educadores generen competencias profesionales que les permitan abordar los cambios curriculares y organizativos que en las instituciones educativas deben tener lugar.

Dos premisas son fundamentales en el modelo de construcción de conocimiento profesional:

(a) El profesional siempre posee una estructura previa de conocimiento que le permite interpretar la realidad de intervención con un grado de profundidad característico del momento de desarrollo en que se encuentra, es decir, desde un nivel determinado de competencia cognitiva.

(b) La formación proporciona actividades prácticas, de simulación y de presentación de resultados de la investigación con las que se pretende modificar la estructura previa de conocimiento del participante, incrementar su nivel de competencia cognitiva y, por tanto, la calidad de su interacción con la realidad profesional.

El aprendizaje es, por tanto, un proceso de modificación de la estructura previa para construir una nueva estructura de conocimiento donde la nueva información tiene cabida y está relacionada con la información anterior e, incluso, la información anterior se configura de aquella manera nueva que le permite al profesional un enfoque más competente de la intervención profesional y que se concreta en nuevas capacidades que antes no poseía. El aprendizaje no parte nunca de nivel cero ni establece como objetivo de llegada la retención memorística del contenido informativo que se considera adecuado para un nivel de la capacitación −lo que justificaría el uso de modelos centrados en la transmisión de conocimiento- sino que parte del nivel de competencia de cada profesional y pretende la modificación de su estructura de conocimiento previo para el logro de capacidades con distintos niveles de desarrollo en función de las características personales.

Las relaciones que se establecen entre las informaciones almacenadas en la estructura de conocimiento del profesional son de naturaleza significativa. Es decir, constituyen redes asociativas semánticas solapadas, superpuestas, entrelazadas, interconectadas, que facilitan comprensiones globales de la realidad, limitadas al alcance conceptual de las informaciones que integran la red. Aprender no es sólo un proceso de sumar nueva información a la estructura de conocimiento, sino de establecer una nueva configuración de redes conceptuales donde la nueva información se conecta y, a la vez, se transforman los enlaces significativos entre la información ya disponible alcanzando comprensiones de los fenómenos más ajustadas a la realidad o más científicas, si se quiere. En ese proceso de hacer significativa la información, el formador juega un papel inestimable ofreciendo ayuda para relacionar las experiencias, los textos leídos, las argumentaciones disponibles, con material ya conocido por los profesionales y la potencia de uso que en la práctica tiene el nuevo contenido que se está aprendiendo. De esta manera se rompe la fragmentación del contenido disciplinar de las distintas materias y se abren relaciones transversales entre las materias enfocadas a la comprensión interdisciplinar de la realidad.

Para modificar la estructura previa de conocimiento es preciso fomentar la actividad intelectual de los profesionales en su interacción con el nuevo contenido. Favorecer la observación, el descubrimiento y la discusión sobre la nueva información, facilitar la asimilación estableciendo relaciones de significatividad con la información previa, usar la nueva información para provocar una organización funcional de la estructura de conocimiento y expresar lo aprendido utilizando diversos lenguajes y formatos de presentación. Por tanto, las actividades de aula siempre tendrán que incorporar la realización de tareas de observación, descubrimiento, investigación, asociación, relación, aplicación, resolución de problemas, entrenamiento de destrezas, expresión y comunicación. Cuando toda esta actividad intelectual se hace en grupos de aprendizaje cooperativo, se incrementa la posibilidad de producir aprendizajes significativos. Acceder al proceso de pensamiento, discurso y argumentación de los iguales, defender la propia perspectiva y descubrir la perspectiva de los otros, son acciones de un alto potencial cognitivo que ayudan al propio aprendizaje.

La reflexión, más allá del propio contenido de aprendizaje, sobre el propio proceso de captación, asimilación y posibilidades de aplicación del contenido, proporciona al profesional en formación otro excelente referente para la construcción de conocimiento y para el conocimiento de sí mismo como aprendiz. Con sus fortalezas y debilidades, con sus limitaciones y posibilidades. Le permite tomar conciencia de cómo convertir las experiencias en fuente de aprendizaje y cómo aprender de los compañeros o colegas.

Si estos que hemos expuesto son lo principios didácticos que deben orientar la planificación de actividades y la intervención docente, lo lógico es que acompañemos todo este esfuerzo de un modelo evaluativo que permita valorar cómo transcurre el proceso de modificación de la estructura de conocimiento y en qué grado ha desarrollado las competencias que se plantearon como objetivo del proceso de capacitación.

1.2. Principios didácticos de intervención

En coherencia con el modelo de formación por competencias expuesto, los principios didácticos de intervención formativa son:

1. Partir del conocimiento previo del alumno o participante. Transformar el conocimiento profesional riguroso en materia de enseñanza comprensible por los participantes.

2. Organizar la materia de formación para que sea comprendida. Ofrecer mapas conceptuales. Establecer relaciones entre distintas partes de la materia. Establecer relaciones con otras materias, con otras disciplinas, con otras situaciones, con otras preocupaciones.

3. Favorecer el uso de diversas vías de acceso al conocimiento. Cuidar los materiales. Usar distintas estrategias metodológicas. Integrar los avances tecnológicos.

4. Incluir ejemplos de uso del conocimiento en la resolución de problemas profesionales. Conectar con los perfiles y los retos profesionales. Promover el uso social del conocimiento.

5. Enseñar a trabajar en equipo. Favorecer el aprendizaje entre iguales.

6. Enseñar a investigar. Relacionar investigación y capacitación. Guiar la formación a través del descubrimiento.

7. Enseñar a aprender. Facilitar la reflexión metacognitiva.

8. Usar la evaluación como estrategia formativa bien ajustada a los objetivos previstos. Emplear estrategias diversificadas de formación, en distintos momentos y con consecuencias de carácter didáctico.

9. Cuidar las relaciones personales. Favorecer una verdadera relación didáctica en un clima o ambiente cálido y productivo. Ajustar la ayuda que necesita el profesional en formación para superar los problemas de aprendizaje. Mostrarse con accesibilidad y realizar labor de tutoría, asistencia individual y orientación personal profesional.

10. Enseñar la ética profesional. Trasladar el código deontológico a la experiencia de capacitación. Ejemplificar con la propia conducta. Alertar sobre problemas profesionales en relación al conocimiento y las competencias, que tienen derivadas éticas.

1.3. Ejes para la organización de un entorno de aprendizaje profesional constructivo

La formación debe caracterizarse por el fomento en el profesional de la capacidad de aprender de la experiencia y de aprender a lo largo de la vida. Esto es, el formador debe de enseñar a aprender. Y a aprender sólo se aprende mediante la racionalización del propio proceso de aprendizaje. Es decir, la organización de la formación que se ofrece debe ser transparente para el profesional y coherente con las finalidades propuestas.

Algunos ejes organizativos desde los que podría construirse un entorno de aprendizaje constructivo serían:

1. La planificación de la formación

2. La organización del entorno de aprendizaje del profesional

3. La comunidad de aprendizaje.

4. La comunidad de desarrollo profesional

El primer eje organizativo lo constituye la planificación de la formación. La planificación exige previsión y organización del período formativo. Obliga al formador a reflexionar sobre qué va a hacer y para qué va a hacerlo durante ese periodo. Evidentemente no estamos hablando sólo de actualizar un temario, sino de hacer un verdadero programa de formación. Un programa en el que debemos considerar, en primer lugar, cuáles son los objetivos que se pretenden con la inclusión de la materia en un plan formativo que conduce a un perfil profesional concreto. Y, en función de esos objetivos, cuáles son las competencias que esperamos que los participantes alcancen al finalizar del período lectivo. Habrá que considerar, y establecer en el programa, de qué distintas maneras pueden los participantes involucrarse en función de sus necesidades y limitaciones personales (de forma presencial o semipresencial) y establecer cuáles son los compromisos para cada una de las modalidades propuestas de seguimiento del programa. Evidentemente que en el programa hay que incluir el temario que va a desarrollarse. Un temario posible para el tiempo de dedicación disponible por los participantes en función del resto de compromisos y obligaciones que atienden. Habrá que planificar qué serie de actividades formativas van a desarrollar y ajustarlas a un calendario y a un horario concreto que nos permitan construir un cronograma donde se especifiquen fechas, horas, lugares y actividades que van a realizarse, contenidos que van a desarrollarse, e, incluso, el compromiso de participación que los profesionales adquieren de acuerdo a la modalidad de seguimiento por la que van a optar. Por último, la planificación exige una previsión rigurosa del sistema de evaluación que va aplicarse teniendo en cuenta que pueda haber profesionales que opten por una evaluación continua y que, en cualquier caso, habrá que dotarse de instrumentos de evaluación que midan el logro de las competencias establecidas como objetivo de la materia, y que deberán aplicarse pruebas variadas para la evaluación final de los participantes.

Todo lo que llevamos dicho exige rigor en la planificación de las acciones en cuanto a contenido, tiempo, espacios, compromisos y valor para la evaluación. Ese es el trabajo que realiza el formador antes de iniciar la capacitación para garantizar que pueda sucederse de la manera más ordenada posible.

La tarea de planificación concluye, pues, en la redacción del programa que compromete al formador y a los profesionales en formación y que especifica: (a) los objetivos que pretende el formador; (b) las competencias que deben lograr los profesionales; (c) los contenidos (d) los métodos formativos que van a emplearse; (e) el cronograma de actividades previstas; (f) el sistema de evaluación para cada una de las modalidades de seguimiento.

El segundo eje organizativo se refiere a la organización del entorno de aprendizaje del profesional en formación. Partimos de que la población destinataria de un programa formativo puede ser muy diversa. Existe diversidad en los niveles previos de dominio de los conocimientos que pudieran exigirse para el buen aprovechamiento del programa. Diversos son también los intereses que los profesionales en formación tienen en cada contenido concreto en función de sus perspectivas profesionales. E igualmente son diversas las situaciones personales de capacidad para la dedicación al estudio en la medida en que se simultanean y se superponen actividades laborales o de formación complementaria.

Planificar la materia desde la desconsideración de esta realidad, no nos lleva a resultados positivos. Es necesario ofrecer, desde el programa, la posibilidad de distintas modalidades de seguimiento entre las que puedan encontrarse desde la modalidad presencial y con evaluación continua, hasta el seguimiento semipresencial con pruebas finales que midan las competencias logradas por los participantes. Es obvio que la modalidad presencial se refiere a la asistencia continuada a las actividades programadas y el participante que opta por ellas adquiere un compromiso de participación en esas actividades. Ahora bien, habrá que equilibrar correctamente la propuesta de actividades que se realiza, de tal manera que no se reduzca todo el contacto de aula a la presentación de contenidos que muy bien pueden conseguirse fuera del horario del programa. Por tanto, el programa formativo debería presentarse con un cronograma en el que se detallen fechas y actividades concretas (lecciones, debates, seminarios, tutorías, prácticas) y que supone un compromiso de trabajo para el formador y para los profesionales. La confección de un cronograma que acompaña al temario en el programa de la materia nos obliga a reflexionar sobre la organización del tiempo y del espacio para el aprendizaje. Desde el supuesto asumido de que el tiempo de aprendizaje de la materia no es el mismo de las horas que imparte el formador y que el espacio de aprendizaje no se reduce al aula. Los formadores medimos nuestra dedicación a la materia en horas de impartición de sesiones. Pero será necesario prever, planificar, el tiempo necesario de dedicación de los profesionales para la realización de las actividades planificadas y el logro de los objetivos propuestos. Es decir, prever, y por tanto considerar, el tiempo dedicado al trabajo en grupo, al trabajo con lecturas, o en biblioteca y hemeroteca, a la realización de talleres, a la elaboración de trabajos específicos... y todo ello sin olvidar que el avance de las nuevas tecnologías y su uso para el aprendizaje están transformando el concepto más clásico y proporcionando nuevos escenarios para la formación de los profesionales (Hanna, 2000) y nuevos canales para la comunicación formativa.

Mención específica requiere el tratamiento del tiempo de tutoría que es un tiempo real para el aprendizaje en el que se mantiene una relación cara a cara, individual (o grupal) y directa con el formador que es necesaria para el apoyo y la asistencia personal al aprendizaje. Una buena medida organizativa puede ser el establecer un sistema rotatorio de cita en tutoría para todos los participantes con compromiso de asistencia, a lo largo del periodo formativo.

Un tercer eje organizativo de la formación de profesionales es la configuración de una comunidad de aprendizaje en cada institución formativa, entre los profesionales en formación, los profesionales en ejercicio y los formadores. Hablamos de comunidad de aprendizaje en dos sentidos. De una parte nos referimos a la necesidad de establecer instancias de coordinación entre los formadores y participantes en el programa, de modo que se reduzcan algunos de los males que afectan a los programas como son el solapamiento de los contenidos o la microfragmentación de los saberes de manera que contenido a contenido se pierde la noción del perfil profesional general que desde el programa se está formando. En un segundo sentido, hablar de comunidad de aprendizaje, supone aceptar que la propia institución realiza una tarea formativa y puede disponer una gran cantidad de recursos humanos y de acciones formativas complementarias a las sesiones programadas, a disposición de toda la comunidad. Se trata de aprovechar la presencia de formadores invitados, profesionales de gran experiencia y prestigio, a actividades en las que pueden encontrarse con los profesionales en formación, que puedan compartir alguna sesión, o dar alguna charla. Se trata, también, de incluir a los profesionales en formación en la organización de eventos y de organizar encuentros específicos para ellos. Se trata de ofrecer una formación complementaria que acerque a los profesionales en formación la realidad de otras instituciones y contextos de trabajo u otros contextos formativos, el mundo de la investigación y el mundo de la intervención profesional. Son los propios formadores los que se interesan en la coordinación con sus compañeros y los que comienzan a aprovechar los recursos humanos disponibles y a incluir en su programas la participación en encuentros profesionales como recursos, que son, privilegiados de aprendizaje.

Un último eje organizativo hace referencia de manera concreta a las relaciones de la institución formativa con el mundo de la intervención profesional. La institución debe tejer una red de profesionales que colaboran en la formación, bien porque los reciben para hacer prácticas, bien porque los conocen en las sesiones a las que son invitados por diferentes formadores. La institución formativa debe ser, también, la casa de los profesionales en activo para crear una comunidad a la que pertenecen los formadores, los profesionales en formación y los profesionales en ejercicio. De tal manera que la formación inicial y la formación permanente no sean dos realidades separadas sino que formen un solo continuo de formación y desarrollo profesional. De tal manera que el mundo de la intervención y el mundo de la formación no sigan dándose la espalda sino que se enriquezcan el uno del otro.

2. Elementos curriculares de la formación

2.1. Competencias del perfil profesional

Las competencias seleccionadas para el proceso de formación concretan los resultados de aprendizaje profesional previsto en función del perfil ocupacional de referencia. Debemos, por tanto, profundizar en el establecimiento del conjunto de competencias que sean coherentes con el perfil del profesional que se pretende para la educación actual. En este sentido, Tejada (2009), y desde la consideración de la formación en su perspectiva más amplia, propone las siguientes competencias para los profesionales de la educación:

(a) *Competencias teóricas o conceptuales* (analizar, comprender, interpretar) integrando el saber (conocimientos) relativos a la profesión (conocimientos del contexto general, institucional, aula-taller; conocimientos sobre bases psicopedagógicas de la formación, teorías del aprendizaje, conocimiento de los destinatarios, macrodidáctica, microdidáctica, psicopedagogía, orientación, etc) y el saber hacer cognitivos (implicando el tratamiento de la información, estrategias cognitivas, etc.).

(b) *Competencias psicopedagógicas y metodológicas* (saber aplicar el conocimiento y procedimiento adecuado a la situación concreta) integrando el saber y el saber hacer (procedimientos, destrezas, habilidades). Desde la planificación de la formación hasta la verificación de los aprendizajes, pasando por las estrategias de enseñanza y aprendizaje, implicando en ello diferentes medios y recursos didácticos, incluyendo las TIC, métodos de enseñanza con la ayuda de herramientas multimedia informatizadas, métodos de tutoría y monitorización en situación de autoformación, orientación profesional, técnicas de desarrollo profesional, métodos de individualización del aprendizaje, etc.

(c) *Competencias sociales* (saber relacionarse y colaborar con otras personas de forma comunicativa y constructiva) integrando el saber ser y saber estar (actitudes, valores y normas). Incluye competencias de organización, administración, gestión, comunicación y animación en la formación (feed-back, procesos de grupo, trabajo en equipo, negociación, relación interpersonal, liderazgo, análisis estratégico interno y externo, marketing formativo, etc.).

Podemos usar el ejemplo de la titulación de Pedagogía, para seleccionar dos competencias que están fijadas en el perfil y que orientan los resultados que pretendemos. Se trata de una competencia de carácter metodológico y otra de carácter conceptual:

1. Diseñar, ejecutar y evaluar planes de formación del profesorado, de formadores y de otros profesionales en diferentes contextos.

2. Conocer y comprender las bases teóricas y epistemológicas de los procesos y acciones formativas y educativas.

Tal y como las concebimos, las competencias deben estar referidas a la capacidad que alcanzará el profesional de la educación para intervenir en prácticas de interés sociocultural para las que hay que movilizar todo tipo de recursos (Fernández Cruz y Gijón, 2012). Al menos, en nuestra propuesta formativa debemos señalar cuáles son los recursos de carácter técnico que el futuro profesional debe movilizar, así como los indicadores de logro de la competencia que habrá que evidenciar para evaluar el proceso formativo. Tal y como insertamos en la tabla, siguiendo con nuestro ejemplo.

Prácticas, indicadores y recursos técnicos movilizados por las competencias

Prácticas socioculturales	Indicadores de evaluación	Movilización de recursos
Competencia 1		
Conocer y comprender las bases teóricas y epistemológicas de los procesos y acciones formativas y educativas		
Análisis de las bases teóricas que subyacen a un plan formativo presentado.	1. Correcta identificación en relación a los fundamentos teóricos aportados en la materia 2. Identificación de otras perspectivas teóricas complementarias aportadas desde otras materias	(a) Capacidad de análisis (b) Relación con las bases teóricas de la materia (c) Capacidad de síntesis (d) Perspectiva amplia de las bases teóricas incluidas sus críticas (e) Interrelación con el contenido de otras materias (f) Capacidad de redacción
Redacción de un ensayo sobre la pertinencia de esas bases teóricas, sus fortalezas y debilidades	1. Cuidado con las normas y aspectos formales de presentación 2. Calidad de la redacción 3. Valor de la fundamentación sobre pertinencias 4. Valor de la fundamentación de debilidades 5. Agudeza de la crítica presentada	(g) Habilidad para solicitar asesoramiento (h) Actitud de curiosidad intelectual (i) Destreza en la presentación de trabajos escritos
Competencia 2		
Diseñar, ejecutar y evaluar planes de formación del profesorado, de formadores y de otros profesionales en diferentes contextos		
Diseño de un plan de formación docente para unos destinatarios concretos de los que se conocen sus necesidades	1. Seguimiento de la estructura formal del diseño de un plan 2. Adaptación a las necesidades formativas dadas 3. Pertinencia de los	(a) Agudeza mental para concebir un plan de formación (b) Habilidad para programar (c) Creatividad en la propuesta de acciones

formativas	elementos curriculares propuestos 4. Calidad de las acciones formativas propuestas 5. Posibilidades reales de ejecución del plan propuesto	(d) Capacidad de búsqueda de referentes y antecedentes en los que sustentar la propuesta (e) Habilidad para solicitar asesoramiento (f) Capacidad de trabajo en equipo
Ejecución de una acción formativa del diseño realizado	1. Calidad de la programación específica de la acción que se va a ejecutar 2. Pertinencia del sistema de captación de evidencias 3. Validez de los recursos formativos empleados 4. Calidad de la acción desarrollada por el formadora	(g) Liderazgo y capacidad de tomar iniciativas (h) Empatía para la ejecución de acciones formativas (i) Capacidad comunicativa (j) Disposición y manejo de recursos didácticos apropiados (k) Habilidad para la captación y análisis de evidencias (l) Capacidad de redacción de informes (m) Destrezas de presentación de trabajos escritos y/o con presentación multimedia
Ejecución de una acción de evaluación de la acción formativa realizada	1. Pertinencia del plan de evaluación propuesto, de los indicadores y de los instrumentos. 2. Aplicación adecuada de la evaluación 3. Validez de los datos obtenidos 4. Calidad del informe de evaluación presentado	

2.2. Objetivos de la formación

La planificación exige la adaptación y concreción de los objetivos finales de la formación que pretendemos o, la declaración pública de finalidades que orientan la propuesta. Estos objetivos estarán relacionados con tres áreas de preocupación formativa: favorecer con nuestra intervención el desarrollo personal de los participantes, facilitar su acceso a nuevo conocimiento profesional y académico, así como propiciar la integración de la nueva información en estructuras personales de conocimiento profesional orientadas a la intervención pedagógica.

Para un programa de formación inicial de pedagogos, podemos plantearnos, por ejemplo, los siguientes cinco objetivos:

1. Favorecer el desarrollo personal de los estudiantes propiciando la adquisición de actitudes y hábitos de cooperación, reflexión,

173

observación, indagación y autoevaluación, así como de hábitos de implicación en iniciativas, proyectos y toma de decisiones.

2. Incitar a la utilización del lenguaje específico, profesional y académico, propio de la materia, que permita a los estudiantes la expresión rigurosa de su pensamiento, así como de las fuentes bibliográficas y documentales de nuestro campo de estudio.

3. Facilitar la transferencia del conocimiento académico a la práctica de la intervención profesional pedagógica en los marcos problemáticos de la realidad formativa.

4. Estimular con nuestra enseñanza una actitud crítica en los estudiantes que les conduzca tanto al interés como al cuestionamiento por y del conocimiento y la investigación sobre la formación y el desarrollo profesional del docente.

5. Proporcionar experiencias a los estudiantes que les ayuden a familiarizarse con técnicas de observación, y con las estrategias de gestión de grupos en formación, a proponer y desarrollar proyectos de formación y a aplicar las técnicas de investigación didáctica al campo de la formación y el desarrollo profesional de los docente.

Los objetivos de formación pueden hacerse corresponder con las competencias seleccionadas, tal y como hacemos nosotros, con nuestro ejemplo, en la siguiente tabla.

Correspondencia entre competencias y objetivos

Competencias	Objetivos
Diseñar, ejecutar y evaluar planes de formación del profesorado, de formadores y de otros profesionales en diferentes contextos.	Favorecer el desarrollo personal de los estudiantes propiciando la adquisición de actitudes y hábitos de cooperación, reflexión, observación, indagación y autoevaluación, así como de hábitos de implicación en iniciativas, proyectos y toma de decisiones
Conocer y comprender las bases teóricas y	Incitar a la utilización del lenguaje específico, profesional y académico, propio

epistemológicas de los procesos y acciones formativas y educativas	de la materia, que permita a los estudiantes la expresión rigurosa de su pensamiento, así como de las fuentes bibliográficas y documentales de nuestro campo de estudio.
Diseñar, ejecutar y evaluar planes de formación del profesorado, de formadores y de otros profesionales en diferentes contextos	Facilitar la transferencia del conocimiento académico a la práctica de la intervención profesional pedagógica en los marcos problemáticos de la realidad formativa.
Conocer y comprender las bases teóricas y epistemológicas de los procesos y acciones formativas y educativas	Estimular con nuestra enseñanza una actitud crítica en los estudiantes que les conduzca tanto al interés como al cuestionamiento por y del conocimiento y la investigación sobre la formación y el desarrollo profesional del docente.
Diseñar, ejecutar y evaluar planes de formación del profesorado, de formadores y de otros profesionales en diferentes contextos	Proporcionar experiencias a los estudiantes que les ayuden a familiarizarse con técnicas de observación, y con las estrategias de gestión de grupos en formación, a proponer y desarrollar proyectos de formación y a aplicar las técnicas de investigación didáctica al campo de la formación y el desarrollo profesional de los docente.

2.3. Contenidos

Se deben seleccionar aquellos contenidos que sean relevantes para los potenciales participantes. Los contenidos incluyen fundamentos conceptuales teóricos necesarios que les sean útiles en su acción profesional y principios básicos de relación entre teorías y conceptos, de un lado. También se integran como contenidos la información relativa a procedimientos de aplicación y reglas y estrategias de intervención educativa. Los contenidos se completan con el conocimiento del código deontológico de actuación profesional y aquellas actitudes, valores y normas éticas que deben guiar la intervención del profesional de la educación.

175

Junto a ser relevantes, los conocimientos han de ser transferibles y generalizables. Por eso pretendemos que los participantes encuentren en ellos un alto nivel de aplicabilidad a una amplia gama de actividades educativas y a un extenso abanico de situaciones. El listado de contenidos compone el programa de la intervención formativa.

Es evidente que, cada vez más, las propuestas formativas han de tener un apoyo en plataformas de enseñanza que ofrezcan un entrono virtual de aprendizaje o EVEA. En este caso, la selección y diseño de los contendidos, han de adaptarse a las características de la formación on line.

Recordemos, que el diseño de contenidos en este EVEA se apoya en cuatro planos: tecnológico (e-actividades), organizativo (diseñadores, administradores, profesorado, mentores, estudiantes), didáctico (gestión del proceso formativo) y de investigación (adquisición y aplicación del "*Know How*"). Para que el aprendizaje sea significativo, las actividades online tienen que tener sus raíces en la experiencia en el mundo real. Para su análisis, podemos clasificarlas en e-Actividades de Comunicación, Formativas y de Evaluación.

2.4. Estrategias metodológicas

La formación de profesionales de la educación requiere el uso de estrategias metodológicas que faciliten el acceso de los participantes al conocimiento relevante, transferible y generalizable y que promueva, al mismo tiempo, el análisis crítico tanto del propio conocimiento como de la realidad social de intervención.

El formador media el proceso de elaboración de conocimiento personal de los participantes tanto con el proceso de selección de contenidos como con las estrategias metodológicas que emplea para la gestión del aula, seminario o taller, para la orientación de actividades y tareas y para la evaluación de todo el proceso formativo.

Desde esta perspectiva, el sentido que adoptan las estrategias metodológicas, no es otro que el de esquemas declarados de actuación docente que trasladan a la acción, la concepción de la función social y educativa, la concepción del programa y la visión previa del proceso formativo. Las estrategias metodológicas juegan el papel –tanto para el formador como para los profesionales en formación- de organizador previo que facilita las tareas de enseñanza y de aprendizaje. En ningún caso esta organización previa debe ir más allá de facilitar la relación de las personas con el conocimiento. Si bien es evidente que proporciona un sentido a la relación con el conocimiento, que es inherente a nuestra propia responsabilidad moral, pensamos que queda subordinada al ritmo genuino que la propia relación social en el aula impone al proceso formativo.

Concebida de esta manera, la declaración de estrategias de formación pretende ser más flexible que rígida, orientadora de la acción docente y provisional en los términos en que se formula, desde el convencimiento de que es la propia dinámica de la práctica y la evolución de las condiciones sociales y formativas en las que transcurre el programa, las que deben guiar su reformulación continua.

Desde esta óptica, pues, pensamos, hoy, que las estrategias metodológicas que mejor se adaptan a nuestra situación de enseñanza son:

(a) Acercamiento motivador a los contenidos

(b) Lectura personal guiada de bibliografía básica

(c) Discusión en grupo de las cuestiones críticas

(d) Realización de actividades prácticas

(e) otras estrategias metodológicas

Acercamiento motivador al tema de estudio

Cada contenido del programa de formación encierra en sí tanto un cúmulo de conocimiento formal sobre la profesión y la práctica educativa - que, para empezar, ya entra en contradicción con la imagen social que, desde su posición de alumnos y alumnas, los alumnos mantienen sobre la educación-, como también una serie de dilemas y perspectivas contradictorias que constituyen el mapa conceptual con el que se enfrentan. Esa es la conformación previa de conocimiento en la que, mediante las actividades introductorias, pretendemos mediar para: (a) provocar la incomodidad con los convencimientos previos y estimular la necesidad de analizar con profundidad el contenido; y (b) motivar hacia el estudio, sensibilizar a los participantes sobre el sentido del tema planteado y tratar de promover una experiencia formativa estimulante que suscite la curiosidad, la contradicción , la duda, y con ello, el acercamiento crítico.

La introducción al tema de estudio requiere una sesión completa en la que pueden realizarse, al menos, las siguientes actividades: exposición introductoria, formulación de preguntas abiertas y debate general en el aula.

En la exposición introductoria facilitamos una primera visión provisional a la nueva información apoyándonos en el uso de mapas conceptuales donde se recogen, no sólo los conceptos sobre la profesión educativa abordados en el tema y sus relaciones entre ellos, sino también, las relaciones con otros temas y aspectos de la profesión, las líneas de investigación en ese ámbito, la evolución de perspectivas en el tiempo, al actuales disyuntivas, problemas y debates de la comunidad educativa, y los referentes de la política formativa de las administraciones educativas sobre el asunto. Igualmente facilitamos en la exposición introductoria referencias sobre la futura intervención profesional y aplicación de la información, que proporcionan funcionalidad al conocimiento, usando ejemplos concretos de posibilidades de intervención y aludiendo a modelos específicos.

La formulación de preguntas abiertas se intercala durante la exposición introductoria con el triple objetivo de: (a) añadir a la exposición referencias personales de los participantes sobre el tema de estudio; (b) conocer su estructura previa de conocimiento para adaptar el discurso a su nivel, sus primeras expectativas y sus intereses profesionales; y (c) construir un lenguaje compartido por el grupo sobre el ámbito de estudio, ayudándolos a resituar los problemas o casos prácticos a que se refieren sus intervenciones en los márgenes y términos que presenta nuestra exposición introductoria. Las preguntas abiertas promueven el pensamiento divergente y la creatividad de los participantes que comienzan a situarse en planos distintos, novedosos, de análisis de la educación guiados por su propia actividad cognitiva creativa, antes que por los ojos de autores relevantes.

El incremento en la formulación de preguntas y en el nivel de participación acaba con la exposición introductoria y abre paso a un debate generalizado, animado por el formador, sobre las claves conceptuales del tema y las perspectivas posibles de su tratamiento desde nuestra realidad social y educativa. El formador se convierte, en este momento, en un animador del debate, procurando favorecer las interpelaciones directas entre participantes y estimular la búsqueda de reforzamiento y de replanteamiento en las propias argumentaciones. El debate permite ir recogiendo en grupo los aspectos problemáticos del tema de estudio que guiarán el resto de actividades realizadas. La introducción finaliza con un replanteamiento final en el que fijan elementos conceptuales y términos lingüísticos, problemas relevantes y líneas de trabajo, en un esfuerzo por facilitar que el grupo se apropie de esas herramientas de aprendizaje básicas para las actividades posteriores.

Lectura personal guiada de bibliografía básica

La fuente esencial de acceso a la información relevante para los profesionales de la educación es la lectura de textos y documentos. Para facilitar esta tarea organizamos la bibliografía de apoyo al programa en tres niveles:

(a) Bibliografía básica. Supone un número reducido de documentos, preferentemente artículos o capítulos de libros cuya lectura cruzada puede proporcionar una primera visión informada del tema de estudio. Evidentemente, el tema de estudio no se agota en la bibliografía básica, pero, si que permite fijar una nivel mínimo de información que hay que manejar para conocer el tema y realizar otras actividades; así como una referencia objetiva que no es sólo el discurso del formador. El formador guía a los profesionales en formación en la lectura de esta bibliografía básica.

(b) Bibliografía de ampliación y consulta. Dado que el tema no está agotado con la bibliografía básica, se facilita una abanico complementario de referencias bibliográficas a los participantes para estimular su lectura en función de sus intereses y de las necesidades de acceso a nueva información.

(c) Bibliografía para la profundización e indagación. Algunos participantes que están interesados en profundizar más en el tema e incluso en realizar algunas actividades de indagación en los campos que les sugieren las lecturas previas, necesitan una relación más amplia de referencias bibliográficas cuya lectura los pone en contacto con otras experiencias, con otras realidades, con nuevas dimensiones más profundas de los conceptos abordados, con nuevas perspectivas para abordarlos, con métodos de investigación empleados o con aspectos muy concretos suscitados en clase. Este es uso al que intenta servir la bibliografía de profundización e indagación.

Discusión en grupo de cuestiones críticas

El "método de discusión" pretende promover la mejora del aprendizaje profesional de los participantes y su pensamiento acerca de un problema educativo determinado. Su fin es lograr la reflexión acerca de un problema objeto de estudio, identificándolo adecuadamente. Mediante esta técnica, se intercambia la información que poseen los participantes, se desarrollan los hábitos necesarios para la comprensión del problema que se estudia, se formulan hipótesis de trabajo que llevan a la solución del problema, se verifican propuestas alternativas y se mejora la toma de decisiones. La finalidad de los grupos de discusión consiste en explorar y evaluar de forma colectiva distintas ideas: cada miembro del grupo aporta sus ideas sobre el tema objeto de análisis, que es valorado desde una perspectiva crítica, lo cual favorece que los participantes aprendan las convenciones sociales y procedimentales relacionadas con la enunciación y recepción de argumentos.

Para que el grupo de discusión tenga éxito es necesario que se cumplan dos requisitos. El primero, que se marquen unos objetivos claros. El segundo requisito se refiere al grado de conocimiento que los participantes deben tener sobre el tema objeto de discusión. Cuando los participantes tienen algún conocimiento y alguna experiencia sobre la temática a debatir, la participación se hace más efectiva.

Realización de actividades prácticas

Un aspecto imprescindible en la formación y el desarrollo de profesionales de la educación es el de la actividad práctica que puede desarrollarse a través de una doble vía: las experiencias prácticas simuladas y las experiencias prácticas reales de campo. En general, para las primeras procuramos aplicar técnicas como juegos de simulación, ejercicios de observación de actuaciones profesionales para que aprendan a observar y reflexionar sobre la educación utilizando las narrativas o los registros originales en los que se refleja el hacer de los educadores y que conocemos con el nombre de protocolos, la observación de lecciones modelo o estudio de casos homologados, el uso del ordenador como apoyo al análisis de lo observado o como medio de presentación a los participantes de situaciones simuladas (que pueden estar basadas en la realidad o tratarse de estudios de caso), en base a las cuales se les solicita que tomen decisiones. Es en este sentido en el que el uso del cine y de la literatura que presentan casos reales o de ficción sobre los que se puede reflexionar, representan una fuente inestimable de recursos. En concreto, proponemos articular la reflexión sobre obras literarias y cinematográficas como experiencia práctica que puede provocar la reflexión en grupo y el debate sobre temas interesantes de la profesión, la formación y el desarrollo profesional en educación.

Junto a este tipo de actividades propondremos experiencias de campo. Para organizar las prácticas habremos de acudir a conciertos con determinadas instituciones educativas a través de las autoridades administrativas correspondientes y profesionales en ejercicio. Esencialmente, con las prácticas de campo pretendemos que los participantes entren en contacto con las situaciones educativas reales, con los educadores, que conozcan en realidad los contextos en los que la práctica tiene lugar, si bien evitando una inmersión irreflexiva que impida a los participantes preguntarse por los "qués" y los "porqués", que no se cuestionen determinadas cosas porque las crean evidentes; evitando además la desconexión entre la teoría y la práctica y la sensación de fantasía respecto a la realidad.

Aprendizaje por proyectos

El Aprendizaje por Proyectos (ApP) se llama algunas veces aprendizaje por problemas (PBL) y viceversa, aunque cabe diferenciarlos. En el Aprendizaje por Problemas la atención se dirige a la solución de un problema específico. El ApP constituye una categoría de aprendizaje más amplia que el aprendizaje por problemas. Mientras que el proyecto pretende atender un problema específico, puede ocuparse además de otras áreas que no son problema. Una de las características principales del ApP es que el proyecto no se enfoca a aprender "acerca" de algo. Se enfoca en "hacer" algo. Está orientado a la acción y al desarrollo de competencias. El método de proyectos trabaja con objetivos a largo plazo, integra asuntos y prácticas del mundo real, presenta un carácter marcadamente interdisciplinar, y es esencialmente un método centrado en el estudiante que ofrece grandes posibilidades cuando utilizamos las TIC.

El aprendizaje en el método de proyectos posee una serie de características relacionadas con competencias de especialidad, metodológicas y tanto sociales como individuales: orientado al mundo real, interdisciplinar, responde a los intereses y necesidades del estudiante, autónomo, con perspectiva práctica, colaborativo y mediado por las TIC (Salinas, Pérez y De Benito, 2008).

Más concretamente, las competencias desarrolladas son:

(a) De especialidad: Conocimientos técnicos, destrezas, aprendizaje de conceptos, creación, desarrollo de productos.

(b) Metodológicas: Planificación del proceso, estrategia cognitiva, control del proceso, diseño, aplicación de la información, representación del conocimiento de diversas formas, resolución de problemas, investigación, aplicación del método científico.

(c) Sociales: Cooperación, comunicación, interacción.

(d) Individuales: Disposición para el trabajo en equipo, responsabilidad, integración de conocimientos.

Apoyo didáctico con plataforma en línea

Tradicionalmente y hasta hace poco tiempo, los entornos de aprendizaje se asociaban a espacios físicos. Hoy, sin embargo, los espacios donde aprenden los profesionales son cada vez más comunitarios e interdisciplinarios y están apoyados por tecnologías asociadas a la comunicación y a la colaboración virtual. Los espacios se transforman para combinar lo presencial con lo virtual, difuminándose las fronteras entre ambos mundos, que son vividos por los participantes como uno solo. Las tecnologías que usamos se basan cada vez más en estructuras en nube, y nuestra idea de apoyo a las tecnologías de la información tiende a descentralizarse. No importa dónde almacenemos nuestro trabajo; lo que importa es que nuestra información sea accesible independientemente de dónde estemos o del dispositivo que hayamos elegido. Si bien existe una importante evolución en el uso de las TIC en la educación, lo cierto es que entre las múltiples aplicaciones de Internet la más importante sin duda es la enseñanza online (también llamada eLearning, teleformación, enseñanza a través de Internet o enseñanza virtual), puesto que las posibilidades de la red son óptimas para esta tarea. Es evidente que partimos del concepto de participación de los futuros profesionales, desde la variedad de servicios y apoyo existentes que tratan de aumentar su nivel de participación y compromiso con la institución, más allá de la adquisición de contenidos o de los logros obtenidos en la evaluación (Gallego, Gámiz y Romero, 2009).

Usamos las plataformas on line para lograr un modelo dirigido a la formación por competencias, que incluya tanto la motivación a la carrera como la orientación profesional, y, sobre todo, con una tutoría personal para hacer acompañamiento con una especial atención a la formación ética del estudiante y la deontología profesional.

Podemos diferenciar (en función de los estudios realizados en Gewerc, 2008), modelos o tendencias que se fundamentan y justifican desde diferentes perspectivas teóricas. Por ejemplo, Bork y Gunnarsdottir (2002) identifican dos modelos claramente diferenciados: el de transferencia de información y el de aprendizaje tutorial.

El primero pone el acento, como su nombre indica, en el proceso de transferencia de la información con la intervención de algún medio. El foco es la información. En este sentido, los programas que siguen este modelo, en su mayor parte, utilizan el vídeo o la videoconferencia de un profesor que desarrolla la lección, o materiales para imprimir a pesar de estar insertados en cursos online. La verificación de lo aprendido está basada en comprobar la retención de los contenidos, no incluye el aprendizaje a través de la resolución de problemas o la intuición y la creatividad. Tampoco se preocupa porque los estudiantes utilicen la información y la transfieran a otras situaciones.

En el modelo de aprendizaje tutorial, el participante utiliza un nivel alto de interactividad con el material que hace de tutor -facilitador- de su proceso. A diferencia del modelo "transmisivo", donde una persona poseedora de conocimientos (formador) los traslada a otras personas interesadas en recibirlos (participantes), el "facilitador" supone que los conocimientos se pueden adquirir a través de un proceso en el que el formador se limita a orientar sobre la manera de acceder a recursos de información y comunicación, situados en diversos lugares, organizaciones y personas (distribuidos en una red).

Nuestra propuesta de uso de plataforma se apoya en el "Aprendizaje basado en problemas" y en el "Aprendizaje por Proyectos (ApP) utilizando las Tecnologías de la Información y las Comunicaciones (TIC)" (Moursund, 1999). Su base pedagógica descansa en cuatro aspectos clave: (a) Diseño de situaciones de aprendizaje en red (elementos de la plataforma, en forma de fichas); (b) Adecuación de Metodologías (Método de proyectos, Aprendizaje basado en problemas, Trabajo colaborativo, Estudio de casos); (c) Adecuación de Evaluación; y (d) e-Competencias educativas.

2.5. Evaluación

La evaluación la consideramos como una fase más de la formación que hace referencia a un proceso sistemático, continuo e integral para ver en qué medida el profesional en formación ha logrado cubrir los objetivos propuestos. 'Sistemático' porque obedece a un plan preconcebido, a una programación; 'Continuo' en el sentido de que constituye una etapa del proceso formativo, de la que el participante ha de ser evaluado; e 'integral' porque se evalúan todos los elementos que intervienen en la formación. Los criterios de evaluación deberán ser en todo momento coherentes con los objetivos planteados.

Existen varias razones que justifican la necesidad de realizar una evaluación sistemática:

(a) En primer lugar, la evaluación permite detectar deficiencias en el aprendizaje profesional previsto. No es pues, su función, exclusivamente sancionadora, sino que debe tener un sentido de ayuda y de orientación constante.

(b) La evaluación de los resultados del aprendizaje nos proporciona, además, un conocimiento del rendimiento en relación con las competencias previstas. La evaluación nos indica en que medida cada participante va construyendo conocimiento.

(c) La evaluación permite comprobar si el formador ha alcanzado lo previsto en el programa.

(d) Los resultados de la evaluación pueden poner de relieve cuáles han sido las causas que han motivado las deficiencias en el proceso de formación.

(e) Finalmente, la evaluación permite al formador hacer un replanteamiento del programa y de su forma de intervenir.

En todo proceso formativo cabe distinguir tres estadios evaluativos: (a) La *evaluación inicial* o de diagnóstico, que se realiza a comienzo del programa con objeto de adecuarlo a las necesidades reales de los participantes concretos; (b) La *evaluación de proceso* o continua que se lleva a cabo durante el proceso de formación sin que se dé interrupción alguna; y (c) la *evaluación global* o final cuya finalidad es comprobar el grado de aprovechamiento y el nivel alcanzado.

Evaluación de los participantes

Entendemos que la función evaluadora es formativa, dirigida a proporcionar información descriptiva y valorativa en relación a la validez de experiencias de formación. La asumimos por su carácter orientador, de comprobación de conductas y procesos adquiridos o no dominados; conlleva una retroacción que supone un constante intercambio formador-participante que conduce a la mejora de la formación; supone un afianzamiento de lo adquirido por el participante y, a nivel del formador, una posibilidad de reflexión sobre la propia actuación. Nosotros entendemos la evaluación como un proceso formativo, propiciadora de retroacción y estimuladora de la reflexión .

Ha de ser un proceso que ayude a identificar aquellos problemas relevantes para lo cual debemos considerar unas condiciones importantes: una interacción estrecha entre los miembros que intervienen en la evaluación –formador y participantes- en lo tocante a las tareas de evaluación, como consecuencia de que ellos deben percibir el programa como algo propio; por otra parte, la existencia de retroacción conlleva un aporte de información significativa que permite extraer el necesario aprendizaje para mejorar el proceso formativo y para disponer de alternativas útiles para todos.

Nos está proporcionando unos buenos resultados el uso de la tutoría para la discusión de los exámenes, pruebas y trabajos con los participantes, así como de las maneras más idóneas de mejorar sus aprendizajes. De esta forma, se mantiene un contacto más estrecho con el formador, y se ofrece un tratamiento individualizado y continuo del aprendizaje; el feedback frecuente mejora el aprendizaje, además de que funciona en ambas direcciones, permitiendo al formador conocer más acerca del proceso mismo de formación en marcha.

La verificación del logro de competencias incluirán diversas técnicas, tanto pruebas orales o escritas (que pueden ser de ensayo así como de respuestas a cuestiones o inventarios de elección múltiple), análisis de tareas (observación y evaluación de destrezas adquiridas en las actividades prácticas) y del producto (informes, trabajos de distinta índole, etc., elaborados por los participantes tanto individualmente como en grupo). Se trata de obtener evidencias del logro y dominio de las competencias marcadas.

Evaluación del formador

La evaluación del formador puede ser realizada a través de distintas fuentes, tales como los participantes, los compañeros y el propio formador (autoevaluación); cada una de ellas tiene sus ventajas y sus limitaciones. Una cuestión importante es la utilización de los resultados de la evaluación para mejorar el programa y la toma de decisiones. Para ello podemos usar todas las informaciones que se nos proporcionen sobre la marcha del programa: tanto provenientes de los participantes como de la institución formativa que sostiene el programa.

El cuestionario constituye la técnica más utilizada en la evaluación del formador por parte de los estudiantes. Los ítems son conductas docentes, generalmente extraídas de la literatura de investigación, si bien puede utilizarse también la técnica de incidente crítico. La aplicación de estas técnicas en diferentes escenarios nos proporcionará, por un lado, un feedback posibilitador de la toma de decisiones y, por otro, la posibilidad de contrastar opiniones diferentes y analizar la congruencia de la información recibida desde un mismo grupo en tiempos diferentes, averiguando el grado de estabilidad de las percepciones de los participantes. Esto nos permitirá incluso trazar nuestro propio perfil como formador en base a distintas competencias, como entusiasmo, dominio de los contenidos, organización, claridad, preocupación por la formación, interés por los participantes, interacción con el grupo, preocupación por los resultados, dedicación, etc.

* * *

Lo que hemos aprendido

1 Un modelo eficaz para la formación de profesionales de la educación es el de formación por competencias que es coherente con el aprendizaje constructivo de los conocimientos profesionales.

2 Para la formación de competencias profesionales se requiere la configuración de elementos organizativos como la animación de una comunidad de aprendizaje y su integración en la comunidad de profesionales en ejercicio.

3 Un profesional de la educación necesita competencias teóricas, competencias metodológicas y competencias sociales.

4 Las competencias deben estar referidas a la capacidad que alcanzará el profesional de la educación para intervenir en prácticas de interés sociocultural para las que hay que movilizar todo tipo de recursos personales, comunicativos y sociales.

5 En la propuesta formativa debemos señalar cuáles son los recursos de carácter técnico que el futuro profesional debe movilizar, así como los indicadores de logro de la competencia que habrá que evidenciar para evaluar el proceso formativo.

Cuestiones prácticas

1 Elige un tema para desarrollar una sesión de formación de 1 h. 30 m. de duración, pensando en un grupo de destinatarios con un perfil profesional concreto. Haz la programación de la sesión preparando: (a) actividades de inicio (b) actividades de apertura y (c) actividades de cierre. Procura incluir métodos activos.

2 Selecciona un actividad formativa de las que has preparado en la programación anterior. Entrena esta actividad usando a tus compañeros de grupo como participantes. Graba la actividad en vídeo. Redacta tu impresión de cómo ha sucedido la minisesión antes de visionar la grabación. Revisa la grabación en grupo y contrasta lo grabado con las primeras impresiones redactadas. Haz un resumen de discrepancias observadas e intenta analizar el por qué de esas discrepancias.

Cuestiones de indagación

Revisa la información sobre la supervisión clínica como método de entrenamiento docente. Elige cuidadosamente los descriptores y selecciona documentos disponibles en la biblioteca de la Universidad y otros repositorios documentales. Redacta un informe sobre el uso de la supervisión clínica en formación y desarrollo profesional siguiendo este esquema: (a) antecedentes; (b) diversos usos de la técnica; (c) posibilidades de uso con el avance de las TIC; (c) ventajas; (d) limitaciones; (e) perspectivas críticas; (f) recomendaciones para su uso en el futuro.

CAPÍTULO 6

Investigación e innovación

El 23 de diciembre de 2011, apurábamos el plazo de entrega del informe final de nuestra investigación sobre itinerarios de formación complementaria y empleabilidad de egresados de Másteres Erasmus Mundus, antes de cerrar los despachos en la Facultad para ir a celebrar la comida de navidad del Grupo de Investigación e iniciar, así, la semana de vacaciones de invierno. Los resultados de esta investigación, en la que habíamos combinado la aplicación de un cuestionario sobre itinerarios formativos a una amplia muestra de la población de estudiantes egresados de los más de 150 másteres impartidos en todos los países europeos, con entrevistas en profundidad sobre empleabilidad y grupos de discusión con gestores, profesores y estudiantes de los programas, eran importantes para el Grupo. Las conclusiones establecidas marcaban líneas de orientación de las innovaciones que debíamos introducir en el programa, en los dispositivos de apoyo, en la gestión y en las prácticas formativas, para que el nuestro programa, MUNDUSFOR, resultara más eficaz en su objetivo: la capacitación de especialistas de alto nivel en el ámbito de la formación de profesionales de la formación. De una manera más rotunda que en otras ocasiones, al ser nosotros parte interesada en ambos procesos, la investigación y la transferencia de sus resultados para orientar un proceso de cambio, representaban las dos caras de una misma moneda.

Estoy convenido de que la investigación en el campo de la formación y el desarrollo profesional sólo tiene sentido cuando es capaz de impulsar procesos de mejora de la práctica en ñas instituciones formativas. A esos dos procesos, investigación e innovación, dedicamos este capítulo.

1. Investigación

1.1. Avances y limitaciones

Cochran-Smith y Zeichner (2005) informan de cómo la investigación sobre formación de profesionales de la educación ha avanzado de manera aislada a los avances en investigación sobre educación y enseñanza. Los focos de investigación sobre formación de los profesionales de la educación, como vimos en el capítulo 1, han sido progresivamente: el entrenamiento, el aprendizaje profesional, y los estudios económicos y políticos. La investigación en formación del profesorado (preferentemente basada en el análisis de los profesores de educación primaria) no ha avanzado en la diferencia entre niveles, áreas, materias y contextos. Hay que conectarla con los avances sobre formación superior y formación de profesionales. Hoy, la investigación en formación de profesionales de la educación, debería considerar focos de la investigación en educación como son las demandas intelectuales de la enseñanza o la enseñanza como práctica que incluye aspectos cognitivos y emocionales. Junto a ello un foco central será el de los aspectos institucionales, organizativos y políticos que están en el fondo de los movimientos de evaluación, acreditación e internacionalización de los procesos. Necesitamos conocer, en concreto, cómo la organización de la formación de profesionales y los programas específicos responden a las nuevas condiciones sociales y los cambios políticos. No es necesario realizar más investigación que enfatice las diferencias entre programas tradicionales de formación de profesionales y programas innovadores, sino cuáles son las mejores condiciones de desarrollo de los programas en distintos contextos sociales y espacios organizativos.

Los estudiosos señalan que aún no existe un marco de lenguaje profesional común para definir los problemas de la educación y la enseñanza y eso representa una grave dificultad para el aprendizaje de la profesión. Necesitamos realizar un análisis profundo del ámbito para identificar la gramática subyacente a las prácticas docentes y desarrollar un lenguaje común para nombrar sus partes constituyentes: componentes clave de la formación; factores comunes a niveles, áreas, materias y contextos de enseñanza; así como factores específicos. Se deberían encontrar definiciones comunes para la instrucción efectiva independientemente de cuáles fueran los modelos de enseñanza concretos que se realizan. Falta un lenguaje común para describir los componentes de la práctica, acordar estrategias para captar evidencias o proponer principios pedagógicos comunes para ayudar a los profesores noveles a responder a las necesidades de sus alumnos. Una dirección esencial para el futuro sería identificar los factores comunes que son críticos para el éxito. De entro de esos factores habrá que dar especial atención al cómo se establecen las relaciones pedagógicas entre el profesor y los estudiantes y cómo se usan esas relaciones para implicar a los estudiantes en el aprendizaje. Estudiar la relación productiva con los estudiantes debería llevarnos a considerar las diferencias sociales y culturales entre profesores y estudiantes y su efecto en la eficacia. Será necesario especificar todos estos aspectos en relación a las distintas materias y al conocimiento didáctico del contenido.

La investigación sobre conocimiento profesional nos ha hecho olvidar que la enseñanza, fundamentalmente, es una práctica clínica que necesita el desarrollo de destrezas y competencias prácticas. Deberíamos volver, por tanto, a la investigación sobre los aspectos clínicos de la práctica y desarrollo de destrezas. La microenseñanza se rebela como una práctica importante en la formación el profesorado. Actualmente se dan muchas oportunidades a los docentes en formación para implicarse en actividades preactivas y posactivas (reflexivas) de la enseñanza, pero no interactivas. Es necesario que los futuros docentes sepan descubrir la estructura subyacente de las prácticas docentes, pero también que tengan destrezas para implicarse en la práctica, que practiquen y reciban retroacción inmediata. La microenseñanza proporciona a los futuros docentes la oportunidad e implicarse en simulaciones de práctica interactiva. Les permite desarrollar rutinas instructivas. Les permite simular la interacción con estudiantes culturalmente diversos o estudiantes con necesidades educativas especiales. Una agenda de investigación que conecte la investigación en educación con la investigación en formación y desarrollo de profesionales de la educación debería preocuparse de identificar rasgos característicos de estrategias instructivas culturalmente relevantes predictivas de los resultados en los alumnos.

Podemos reconocer tres contextos organizativos de análisis de la formación de profesionales de la educación, como son: las políticas supranacionales, nacionales y autonómicas; las instituciones educativas; y los contextos locales y el mercado laboral. Un elemento de análisis de la investigación sobre formación es la presión que sufre desde la configuración y financiación de las políticas formativas. Un segundo elemento de análisis es el de la configuración de las propias instituciones que realizan la formación en aspectos tales como la marginalización de los estudios pedagógicos en las universidades. El tercer elemento de análisis es el de cómo los programas formativos se adaptan a las presiones concretas del mercado de contratación y el ejercicio de la profesión en ámbitos locales concretos. Siendo ello así, futuras líneas de investigación serían:

(a) Cómo las prácticas específicas de formación difieren entre unos programas y otros (es necesario clarificar la clasificación de programas con algunos criterios tales como: contexto social e institucional; visión de la enseñanza y la educación, el aprendizaje y las escuelas; procesos administrativos; currículum, seminarios, cursos y talleres; experiencias de campo; estrategias instructivas; características organizativas internas; y uso de los datos).

(b) Variación de la formación como reflejo de los diferentes contextos políticos e institucionales.

(c) Mercado laboral como eje de análisis.

Los investigadores en formación necesitan una agenda común de investigación, un lenguaje compartido y un conjunto de herramientas teóricas y metodológicas más precisas para desvelar cuestiones críticas que estamos comentando. Recordemos que la investigación sobre formación emerge como ámbito separado de la investigación educativa en las últimas décadas del siglo XX. Es un campo de investigación relativamente joven y a esa juventud debe algunas de sus debilidades.

Se ha constatado, además, que la presión política por resolver cuestiones de la enseñanza que socialmente se han hecho preeminentes sobre todo a partir del uso de estándares y la publicación de informes internacionales de naturaleza comparada, está generando una batería nueva de preguntas sobre el profesorado y sobre la formación, que la investigación debería resolver, pero que son preguntas totalmente nuevas sobre las que no tenemos ninguna evidencia previa que nos pueda servir de base, ni hipótesis sobre las que construir diseños oportunos de investigación.

Es sabido que la financiación de la investigación sobre formación del profesorado nunca ha sido una prioridad en los planes públicos de financiación de la investigación de tal manera que los antecedentes que hemos ido generando en las décadas pasadas sobre evidencia en el ámbito de la formación del profesorado son débiles en la medida en que se han construido básicamente sobre estudios de caso y diseños de muestras relativamente pequeñas y aún falta en el ámbito los resultados de grandes diseños de investigación que incluyan estudios longitudinales, grandes estudios comparados y el manejo de la información de grandes bases de datos nacionales sobre registros educativos.

Afortunadamente, en los últimos quince años, grandes agencias internacionales como la OCDE, la UNESCO o Eurydice en el caso de Europa, han venido haciendo informes comparados de la situación de la educación a partir de números comparables como han sido los esfuerzos nacionales de financiación, o los resultados académicos de los alumnos medidos en estándares o el número global de profesorado y sus condiciones laborales, entre otros, que nos ofrecen un buen punto de partida para esbozar una semblanza de la situación de los profesionales en los países desarrollados, como hemos hecho en el capítulo 2, y plantear las preguntas más adecuadas para avanzar en la investigación sobre la formación.

Es evidente para todos que las tres preguntas clave de partida son: ¿cuáles son los programas de formación docente más efectivos? ¿cómo seleccionar a los profesionales? ¿cómo incentivarlos, recompensarlos y mantenerlos en la profesión para que ofrezcan los mejores resultados?

1.2. Tópicos y métodos de investigación

El panel de la AERA dedicado a la revisión del estado de la investigación en formación del profesorado que han coordinado Cochran-Smith y Zeichner (2005) y que ahora representa el handbook más actualizado que tenemos sobre la materia, se organiza en torno a 9 tópicos que nosotros vamos a intentar seguir: (1) investigación sobre el perfil demográfico docente; (2) investigación sobre indicadores de calidad; (3) investigación sobre los efectos de los Trabajos de Fin de Grado en la disciplina y en fundamentos de la educación; (4) investigación sobre cursos de metodología y prácticum; (5) investigación sobre los modelos pedagógicos empleados en la formación del profesorado; (6) investigación sobre la formación de profesores para la diversidad; (7) investigación sobre la formación docente para el trabajo con alumnado con necesidades educativas especiales; (8) investigación sobre procesos de evaluación en la formación del profesorado; y (9) investigación sobre programas de formación docente. Nosotros añadimos (10) la investigación sobre profesionalización de docentes universitarios cómo último tópico relevante al que haremos referencia.

Como señalan Grossman y McDonald (2008), hasta que apareció el *handbook* sobre enseñanza en el que Lanier y Little (1986) presentan su capítulo de investigación sobre formación del profesorado, no encontramos en los manuales clásicos de investigación sobre enseñanza un capítulo dedicado al tópico de la investigación sobre la formación del profesorado y, en todo caso, la investigación sobre formación del profesorado ha avanzado de manera aislada a los avances producidos en investigación sobre enseñanza. Esa es quizás la principal debilidad de la investigación en formación de profesionales de la educación.

Los focos de investigación sobre formación del profesorado han sido progresivamente: el comportamiento, la toma de decisiones, el conocimiento y la reflexividad desde finales de los 90 y los primeros años de esta década. Parece que en los últimos años el foco está siendo el del reconocimiento y las posibilidades de transferencia de las buenas prácticas docentes y a ello queremos contribuir, también, desde nuestro enfoque profundo del desarrollo profesional.

Los cambios ocurridos en los formatos de escolarización, entornos institucionales, contextos organizativos y políticos que están en el fondo de los movimientos de evaluación, acreditación e internacionalización de los procesos formativos, exigen estudios sobre la organización de la formación y la eficacia de los programas concretos de formación inicial, de inducción profesional y de formación en alternancia y continua y cuáles son las mejores condiciones de desarrollo de los programas.

Es en ese espacio donde debe ser poderoso el enfoque profundo del desarrollo profesional y para ello debe articularse como enfoque complementario en un caudal fuerte de investigación educativa que desde la preocupación por la formación y el desarrollo profesional ofrezca luz y orientaciones para la mejora de la práctica de la educación. Cochran-Smith y Zeichner (2005) seleccionan la investigación sobre el perfil demográfico de los docentes como la primera que revisan.

Investigación sobre el perfil demográfico de los profesionales de la educación
FUNDAMENTOS
Es necesario conocer las características diferenciales del profesorado: cómo se realiza la opción por la docencia, cómo transcurre su formación inicial y su acceso a la profesión, cómo es de efectivo y cómo se desarrolla su carrera en función del perfil sociodemográfico de los docentes.
CUESTIONES CLAVE
¿Quiénes entran en la profesión? ¿Cómo se preparan? ¿Qué itinerarios de formación siguen? ¿Qué itinerarios de carrera desarrollan?
ANTECEDENTES
Disponemos de datos descriptivos suficientemente desagregados sobre características sociodemográficas de los profesionales de la educación. Sabemos que la mayor tasa de abandono está entre los profesionales jóvenes y los mayores. Los profesores de secundaria, de educación especial y de escuelas privadas pequeñas son lo que mantienen la mayor tasa de abandono. No hay evidencias claras de relación entre el perfil sociodemográfico de los docentes y el rendimiento de los alumnos.
INVESTIGACIÓN DE SOPORTE
Es muy escasa la investigación hasta ahora realizada que permita correlacionar variables sociodemográficas del profesorado con resultados académicos del alumnado.

INVESTIGACIÓN NECESARIA
Tanto la comunidad científica como la administración necesitan una amplia base de datos que les permita conocer de manera prospectiva el perfil sociodemográfico de los profesionales futuros, de los actuales profesionales, y de la bolsa de reserva disponible para su sustitución. Se necesita conocer también cómo afectan las variables sociodemográficas a los procesos de formación y la enseñanza efectiva. Dada la ruptura creciente de logros académicos entre población de alumnos que son mayoría versus minoría, o que son de bajo talento versus medio o alto talento, la investigación debería ayudar a encontrar perfiles y modelos de distribución del profesorado para aminorar esas rupturas. Será importante contar con bases de datos amplias y longitudinales que correlacionen variables de los estudiantes, de las familias, del profesor y de las escuelas para examinar el impacto de las variables sociodemogáficas. Los estudios correlacionales deberán completarse con investigación cualitativa que aclare las relaciones apuntadas, pero no explicadas, por los análisis de amplia escala.

Tal y como hemos abordado el problema de la propia definición conceptual de la calidad profesional, la investigación sobre sus indicadores se convierte en una acción prometedora para el futuro.

Investigación sobre indicadores de calidad
FUNDAMENTOS
Se pueden establecer relaciones empíricas entre perfiles sociodemográficos y perfiles de calidad docente.
CUESTIONES CLAVE
¿Cuáles son las relaciones entre la calidad del profesor y su perfil sociodemográfico, incluyendo su itinerario de formación inicial, de entrada y de desarrollo de la carrera?
ANTECEDENTES
Los estudios previos nos muestran que quiénes entran en los programas de formación inicial docente han obtenido resultados académicos por debajo de la media aunque alcancen buenos logros académicos durante su formación. En el caso del profesorado de secundaria, el nivel de su formación previa es similar a la media. Quiénes alcanzan mayores resultados en el acceso a la Universidad

son quiénes menos atraídos se sienten por la profesión docente. No obstante no hay investigación empírica que correlacione el éxito académico de los profesores con el éxito académico de sus alumnos. Sí existen, por el contrario, relaciones positivas demostradas entre la capacidad verbal de los docentes y el éxito académico de sus alumnos.

INVESTIGACIÓN DE SOPORTE
Las conclusiones acerca de los indicadores de calidad de los docentes está limitada por la falta de datos comprehensivos y comparativos. Los datos que correlacionan calidad con variables sociodemográficas son muy limitados. Es difícil comparar los datos existentes de logros académicos de los docentes. Es difícil comparar estos datos con los de otras profesiones. En definitiva, no sabemos hasta qué punto los atributos intelectuales de los docentes, correctamente definidos, ajustados y medidos, recogen las cualidades fundamentales necesarias para una buena enseñanza.

INVESTIGACIÓN NECESARIA
Se necesitan datos amplios para desarrollar una comprensión de los perfiles de calidad de los docentes actuales y de la población juvenil de reserva. Necesitamos investigación comparado de la habilidad académica de los futuros docentes y de quiénes son entre los estudiantes de secundaria los que se deciden por la profesión docente. Necesitamos construir perfiles de calidad de los docentes. En estos perfiles de calidad, además de la habilidad académica, habría que incluir la habilidad verbal, el éxito en los programas formativos, factores contextuales y disposiciones personales y habilidades sociales.

Los trabajos de fin de grado son auténticos dispositivos instructivos que provocan reflexión y facilitan la evaluación del conocimiento profesional adquirido. Por ello la investigación sobre estas estrategias formativas es crucial.

Investigación sobre los efectos de los Trabajos de Fin de Grado en la disciplina y en fundamentos de la educación
FUNDAMENTOS
Necesitamos conocer el efecto de los Trabajos de Fin de Grado que realizan los futuros docentes en la disciplina científica propia de su área curricular de enseñanza, y en los cursos generales sobre fundamentos de la educación, en la mejora de la enseñanza.

CUESTIONES CLAVE
¿Cuáles son los resultados de los Trabajos de Fin de Grado de los docentes en su conocimiento profesional, su práctica profesional y el aprendizaje de sus alumnos?
ANTECEDENTES
Excepto en el área de matemáticas hay pocos estudios sobre los resultados de la formación en la disciplina. Los estudios sobre profesores de matemáticas de secundaria muestran una asociación positiva entre sus estudios en la materia y el aprendizaje matemático de sus alumnos. La mayoría de este tipo de estudios en otras materias siguen una lógica demasiado mecánica y los cursos de formación ofrecen reglas de actuación en lugar de nuevas comprensiones profundas de la materia. Podría ser que Trabajos Fin de Grado sobre artes y ciencias mejoraran la perspectiva sobre la enseñanza que tienen los docentes, pero no hay estudios concluyentes sobre ello. Este tipo de trabajos parecen mejorar las destrezas verbales y matemáticas de los docentes, las destrezas cognitivas generales y la comunicación oral y escrita. La práctica de redactar artículos y ensayos desarrolla la habilidad de pensamiento crítico de los estudiantes. La investigación sobre el impacto de los Trabajos de Fin de Grado de fundamentos de la educación (psicología educativa, sociología, filosofía e historia de la educación) es escasa.
INVESTIGACIÓN DE SOPORTE
Es difícil recoger e interpretar datos de manera ajustada sobre la formación docente, el conocimiento profesional y la mejora de los alumnos. Aún así, el ejemplo de las investigaciones en el área de matemáticas demuestran que es posible hacerlo.
INVESTIGACIÓN NECESARIA
Para mejorar esta situación los investigadores deberíamos trabajar en tres frentes: (a) mejorar la medida del conocimiento profesional docente, las destrezas profesionales y las disposiciones; (b) crear y disponer de bases de datos nacionales e internacionales; (c) diseñar investigaciones sobre el aprendizaje en los programas de formación docente ajustando los conceptos relacionados con el Trabajo de Fin de Grado.

Las críticas que desde la agenda de la desregulación se hacen a la formación docente se deben, en buena parte, a la ausencia de investigación sobre el impacto de determinados componentes curriculares de los programas en el rendimiento escolar. Especialmente

200

los componentes didácticos y el prácticum, por ello se necesita una investigación que permita tomar decisiones formativas basadas en la evidencia.

Investigación sobre cursos de didáctica y prácticum
FUNDAMENTOS
Es necesario conocer los resultados de la formación de los futuros docentes en métodos de enseñanza y prácticum
CUESTIONES CLAVE
¿Cuáles son los resultados de la formación en didáctica y prácticum para el aprendizaje de los docentes, su conocimiento profesional, sus competencias y el aprendizaje de sus alumnos?
ANTECEDENTES
Los resultados de la investigación informan de importantes cambios en las creencias y en las relaciones entre creencias y práctica profesional y uso de los diferentes métodos de enseñanza. Se ha entendido método como un constructo más complejo que aprendizaje o conjunto de técnicas de enseñanza. Bajo la denominación de cursos de metodología se incluyen tanto talleres de entrenamiento específico sobre técnicas didácticas específicas, como seminarios tradicionales donde las técnicas didácticas se comentan a partir de la lectura de textos. Los investigadores señalan que el aprendizaje de técnicas didácticas es relevante cuando se realiza de manera interactiva y colaborativa. Aún siendo así y aunque se transformen creencias, prácticas docentes y se anticipen aspectos identitarios, aún queda una fuerte distancia con la posibilidad real de aplicar a la práctica las técnicas aprendidas. Se denuncia igualmente la falta de coherencia entre el discurso que los futuros docentes reciben desde los programas formativos (de carácter normativo) y el que reciben desde los propios contextos escolares (de carácter más funcional). Cuando los programas de prácticum están bien diseñados y coordinados es posible la coherencia de los discursos y el prácticum se convierte en una oportunidad para la práctica de las técnicas didácticas entrenadas en talleres previos o simultáneos. El prácticum también ofrece la posibilidad de entrenarse en métodos de desarrollo profesional colaborativos.
INVESTIGACIÓN DE SOPORTE
La investigación desarrollada sobre cursos de metodología y prácticum está estrechamente relacionada con las propias áreas curriculares. La mayoría de investigadores que han publicado sobre ello, enfocan su investigación a la enseñanza de áreas concretas. Los investigadores han examinado las creencias, acciones, reacciones sobre la materia de enseñanza. No se han

realizado estudios longitudinales sobre el impacto de los cursos de metodología y el prácticum. Las investigaciones de que disponemos han usado preferentemente métodos cualitativos, observaciones y entrevistas. El uso de estudios de caso limita la posibilidad de encontrar relaciones causales y poder generalizar. Existe demasiada variedad en el tipo de datos que se recogen de manera que se dificulta la posibilidad de hacer contrastes y comparaciones.

INVESTIGACIÓN NECESARIA

Necesitamos investigaciones que usen marcos conceptuales y metodológicos similares en contextos diversos. Necesitamos programas de investigación a largo plazo. Con los resultados de la investigación actual no podemos conocer la eficacia de los programas de formación docente en cuánto a metodología aprendida. Existe muy poca investigación que incluya la perspectiva de los profesores tutores en los centros. Necesitamos investigación que correlacionen las prácticas de los futuros docentes con la interacción y el aprendizaje de los alumnos. Necesitamos conocer mejor cómo el prácticum fortalece el conocimiento profesional docente. Se deberían usar metodologías de investigación complementarias. Necesitamos estructuras fuertes de investigación que permitan la colaboración con los Centros de prácticum y con los profesores tutores implicados.

Más allá del isomorfismo que ya hemos tratado anteriormente, la formación de profesionales necesita contar con evidencias del impacto de los modelos pedagógicos que anidan en los programas formativos.

Investigación sobre las modelos pedagógicos empleados en la formación y el desarrollo de profesionales de la educación

FUNDAMENTOS

Existen variados modelos pedagógicos que son ampliamente usadas en los programas de formación. Es necesario averiguar el impacto que tienen en la preparación real de los profesionales en función del contexto y las condiciones bajo las que se suministran.

CUESTIONES CLAVE

¿Cuáles son los resultados de las estrategias instructivas y los modelos pedagógicos que se usan para la formación de profesionales? ¿Cuáles son esos resultados en diferentes contextos y bajo diferentes condiciones?

ANTECEDENTES
Los principales modelos pedagógicos usados para la formación de los futuros docentes son: (a) experiencias de laboratorio y microenseñanza; (b) estudio de casos; (c) formación a través del video; (d) portafolios; y (f) indagación en la práctica.

INVESTIGACIÓN DE SOPORTE
La mayor parte de la investigación realizada se ha hecho mediante estudios de caso de carácter cualitativo muy contextualizados. Los estudios se enfocan generalmente en una estrategia instructiva y raramente comparan la eficacia de diversos modelos pedagógicos. Casi todas las investigaciones descansan en un marco de carácter cognitivo, excepto los estudios sobre microenseñanza que se basan en supuestos conductistas. Hay muy pocos estudios que relacionen las estrategias instructivas empleadas en la formación, con las prácticas de enseñanza realizadas y el aprendizaje de los alumnos.

INVESTIGACIÓN NECESARIA
Para construir un cuerpo más robusto de conocimiento en este campo necesitamos un programa de investigación fuerte y amplio, con un marco teórico que trascienda la variabilidad de contextos y condiciones y busque establecer relaciones entre estrategias instructivas empleadas en la formación de los futuros profesionales y su impacto en las prácticas de enseñanza que realizarán estos docentes.

No sólo desde la agenda de justicia social, sino que desde otras agendas de la formación del profesorado se insiste en la necesidad de investigar el efecto de los programas formativos en la disposición para el tratamiento de la diversidad escolar.

Investigación sobre la formación de profesores para la diversidad
FUNDAMENTOS
Uno de los mayores cambios actuales en los programas de formación docente consiste en la generación de conocimiento, destrezas y disposiciones para trabajar de manera eficaz con una población de alumnos en la que se ha incrementado sensiblemente la diversidad debida a diferencias culturales, lingüísticas o étnicas, especialmente en algunas zonas geográficas complejas como son las áreas suburbiales y algunas áreas metropolitanas y rurales.

CUESTIONES CLAVE
¿Cuál es la mejor forma de preparar a los futuros docentes para la atención a la diversidad? ¿De qué conocimiento disponemos sobre condiciones diversas y contextos complejos para hacer que la formación docente tenga mejores resultados?

ANTECEDENTES
Sabemos que las actitudes de los futuros docentes son un elemento esencial de los programas de formación docente. En general, las actitudes de inicio en la formación docente no están suficientemente abiertas al hecho de la diversidad y han de modificarse durante la formación. Gran parte de los programas se dedican a vencer los prejuicios. Otra parte de los programas se dedica a promover la equidad pedagógica mediante procesos de desarrollo curricular basados en principios de justicia social. El prácticum puede proporcionar la base de adquisición del conocimiento multicultural que los futuros docentes precisan. De todas maneras, los estudios revelan que son pocos los programas de formación docente en los que la atención a la diversidad es un verdadero eje instructivo articulador de todo el programa. No hay suficientes estudios sobre la transformación que se produce en la práctica de las disposiciones y actitudes abiertas a la multiculturalidad que se hayan podido generar en los programas de formación docente.

INVESTIGACIÓN DE SOPORTE
La investigación de que disponemos está basada en estudios de caso de naturaleza cualitativa sobre cursos, materias y programas concretos. No hay estudios que enmarquen estas experiencias innovadoras en el programa general de estudios que sigue el futuro docente. Casi toda la investigación cuantitativa está realizada mediante inventarios de actitudes y creencias. La mayoría de los instrumentos de recogida de datos empleados no son validados o los procedimientos de validación no son descritos por lo que las investigaciones no son replicables. Todo ello limita la fiabilidad de los estudios.

INVESTIGACIÓN NECESARIA
Necesitamos investigación que ayude a delimitar atributos concretos, conocimientos específicos y experiencias localizadas que mejoren la eficacia de la enseñanza en contextos multiculturales y diversos; que nos informe sobre la transformación de creencias, conocimientos, destrezas y disposiciones de los futuros docentes desde que se inician en los programas de formación de profesorado y que nos informen de los resultados logrados en esa interacción.

La atención al alumnado con necesidades educativas especiales es parte, a veces tangencial, de los programas de formación docente. Sólo la investigación ofrecerá conocimiento fundamentado para incorporar de manera definitiva y central los componentes formativos de atención al alumnado con necesidades educativas especiales.

Investigación sobre la formación docente para el trabajo con alumnado con necesidades educativas especiales
FUNDAMENTOS
Casi todos los profesores enseñan hoy a grupos de alumnos que tienen un amplio rango de habilidades y de necesidades educativas. No se trata tan sólo de formar especialistas en educación especial, sino en conocer cómo los programas de formación docente deben encarar el proceso de preparación de todos los docentes para atender la diversidad de talento en sus aulas en diferentes contextos y condiciones y bajo la premisa de optimizar los logros académicos de todos.
CUESTIONES CLAVE
¿Cuál es la formación más efectiva para enfocar la enseñanza de alumnado con necesidades educativas especiales? ¿Qué sabemos sobre condiciones y métodos específicos que mejoran la eficacia de los docentes en grupos heterogéneos y el rendimiento académico del alumnado con necesidades educativas especiales?
ANTECEDENTES
Si bien en la actualidad la mayor parte de programas de formación docente han incluido la preparación para la atención al alumnado con necesidades educativas especiales, lo cierto es que esto se logra mediante la adición de cursos sobre aspectos diferentes de la educación especial que se suman a la oferta curricular de la formación. No está generalizada la inclusión de este aspecto en la orientación de todos y cada uno de los componentes curriculares del programa. Tampoco es generalizado que la diversidad de talento sea tratada como un aspecto más de la diversidad en el aula y que, por tanto, debe enfocarse esta preparación desde los supuestos generales de la educación inclusiva.
INVESTIGACIÓN DE SOPORTE
Los resultados de la investigación realizada apuntan a que los futuros docentes tienen la necesidad de proveerse de estrategias organizativas y didácticas para la atención al alumnado con necesidades educativas especiales. Sin embargo

no hay estudios que ofrezcan información sobre las disposiciones de los futuros docentes para adoptar modelos pedagógicos coherentes con la educación inclusiva.
INVESTIGACIÓN NECESARIA
Necesitamos investigación longitudinal y de impacto sobre la preparación real que reciben los futuros docentes para encarar la enseñanza con el alumnado que tiene necesidades educativas especiales. Necesitamos investigaciones en diferentes programas, condiciones y contextos que sean comparables y puedan señalar cuáles son las tendencias que sigue la formación en este tópico. Necesitamos conocer más ampliamente cuáles son los mejores modelos pedagógicos que hay que aplicar en contextos de diversidad y para lograr una educación inclusiva. La investigación que se desarrolle habrá de mezclar diseños y métodos cuantitativos comparables, con diseños de estudios de caso y métodos cualitativos de carácter comprensivo.

Es evidente que necesitamos investigación sobre el impacto de la evaluación de programas de formación docente en los resultados educativos del alumnado.

Investigación sobre procesos de evaluación en la formación del profesorado
FUNDAMENTOS
Existen numerosos programas y procesos de evaluación docente entre los que destacamos la propia evaluación o licencia de estudios que reciben los futuros docentes cuando finalizan su formación inicial, el proceso de selección para el ingreso en el cuerpo profesional y su contratación efectiva, así como los procesos de evaluación ligados a la productividad y el incremento salarial. Pero desconocemos el efecto que estos programas de evaluación tienen sobre la calidad real de la enseñanza que desarrollan los docentes.
CUESTIONES CLAVE
¿Cuál es el efecto de los procesos de evaluación en el conocimiento profesional, la práctica docente y la mejora del aprendizaje del alumnado?
ANTECEDENTES
Los procesos de licencia (obtención de diplomatura o grado) o certificación, de selección, de evaluación de las prácticas iniciales y de evaluación en ejercicio,

no ofrecen nunca datos de correlación con la mejora del rendimiento académico del alumnado y, por tanto, de mejora de la calidad profesional.
INVESTIGACIÓN DE SOPORTE
No existe apenas investigación empírica relevante sobre este tópico. Las evaluaciones no tienen una validez predictiva.
INVESTIGACIÓN NECESARIA
Necesitamos investigar acerca de los actuales sistemas de evaluación. Necesitamos proponer sistemas alternativos más avanzados y ajustado de sistemas de evaluación que tengan validez predictiva. Necesitamos conocer las relaciones entre evaluación docente y calidad de la enseñanza. Necesitamos conocer las relaciones entre los distintos procesos y fases de evaluación. Especialmente entre la evaluación de licencia y la evaluación de selección. Necesitamos conocer cómo los resultados de la evaluación pueden, en la práctica, modificar los programas de formación docente. Necesitamos, finalmente, establecer relaciones entre los resultados de la evaluación docente y las políticas formativas promovidas por administraciones y universidades.

El último tópico que abordamos es el de la investigación sobre la propia estructura de los programas de formación y desarrollo.

Investigación sobre programas de formación y desarrollo
FUNDAMENTOS
Un debate central del ámbito de la formación de profesionales es el de la eficacia de los programas de formación inicial que desarrollan las universidades. La transformación sucesiva de planes de estudios y configuración organizativa de los programas no se basa casi nunca en conocimiento fundamentado por la investigación sobre la eficacia del programa que se va a transformar.
CUESTIONES CLAVE
¿Cuál es el impacto de los programas de formación inicial sobre la selección, la eficacia, la calidad y el rendimiento académico del alumnado? ¿Cuál es el impacto, así mismo, de los programas formativos complementarios que realizan algunos docentes con nivel de licenciatura, máster o doctorado?

ANTECEDENTES
Aunque contamos con estudios específicos sobre la satisfacción de los futuros docentes con aspectos específicos de los programas que siguen y aunque a veces estos resultados puedan proporcionar información comparada, lo cierto es que no contamos con estudios que correlacionen con la mejora del rendimiento del alumnado, ni que permitan hacer comparaciones sobre programas considerados globalmente entre sí.
INVESTIGACIÓN DE SOPORTE
La mayor parte de las investigaciones están referidas a componentes innovadores y experimentales de los programas y se refieren al aumento de la motivación de los futuros docentes como medida de la calidad de los mismos. Estos estudios son muy parciales y limitados y no enfocan las cuestiones principales. Contamos también con multitud de auto informes de carácter reflexivo y narrativo generados por los propios educadores donde valoran la validez de algunos de los componentes formativos recibidos. Pero la investigación de enfoque global no existe.
INVESTIGACIÓN NECESARIA
Necesitamos un programa de investigación amplio a través del que se puedan describir las características profesionales que alcanzan los participantes en los diferentes programas de formación, las verdaderas oportunidades para el aprendizaje profesional que los programas les proporcionan, los contextos políticos y administrativos que potencian o limitan la eficacia de los programas y las características organizativas de las instituciones que desarrollan esos programas. Será muy importante acuñar definiciones consistentes de los componentes curriculares de los programas para que los resultados de las investigaciones sean comparables y sumativos de manera que marquen tendencias. La investigación de carácter empírico y generalizable habrá que completarla con estilos de caso en profundidad que iluminen sobre la interacción de los distintos participantes en cada uno de los componentes del programa.

El ámbito de la investigación sobre la profesionalización de los docentes universitarios, al que hemos dedicado parte de nuestros esfuerzos (Fernández Cruz y Gijón, 2011) lo resumimos en la siguiente tabla.

Investigación sobre profesionalización de los docentes universitarios

FUNDAMENTOS
Un debate central del ámbito de la formación del profesorado es el de la profesionalización de los docentes universitarios en un momento de tremendo crecimiento de los sistemas de Educación Superior y un escenario de fragmentación, diversificación y reorientación que afecta a la profesión académica en términos de crisis de identidad y reajuste profesional.

CUESTIONES CLAVE
¿Qué impacto tienen los cambios en las universidades sobre la profesión académica? ¿Cómo se reorganizan dentro de la profesión las funciones tradicionales de investigación, enseñanza y gestión? ¿Cómo debe orientar cada una de estas funciones el docente universitario para satisfacer las demandas sociales e institucionales que no son coincidentes? ¿En qué términos y con qué intensidad se puede describir la crisis de identidad de los docentes universitarios? ¿Cuáles son las vías y procesos de profesionalización, comunes o diferenciadas, que pueden considerarse óptimas en el actual escenario? ¿Cómo afectan las políticas de acreditación y aseguramiento de la calidad a los procesos de profesionalización? ¿Qué papel juega la función docente dentro del proceso de profesionalización?

ANTECEDENTES
Comenzamos a disponer de un cuerpo de investigaciones sobre la formación pedagógica del profesorado universitario. Los cambios que se están produciendo en la profesión académica alertan sobre nuevas vías de profesionalización. Se hace necesario conocer en profundidad las nuevas formas que adopta la profesión académica y la transformación que estas nuevas formas operan en los procesos de profesionalización asociados. Es necesario hacer propuestas de formación, desarrollo profesional, evaluación y acreditación de la carrera docente para ajustarla a las necesidades personales, institucionales y sociales.

INVESTIGACIÓN DE SOPORTE
Contamos con numerosos estudios de profesionalización de docentes de niveles no universitarios. Así mismo con estudios sobre identidad y crisis de identidad. Estos estudios son más numerosos sobre el profesorado de enseñanza secundaria que comparte con el profesor universitario la importancia de la materia de enseñanza en su propia configuración identitaria. Contamos, así mismo, con numerosos estudios de corte descriptivo, comparado y estadístico sobre el profesorado de Educación Superior. Sin embargo, contamos con pocos estudios sobre profesionalización de los docentes universitarios y estudios en profundidad y de carácter comprensivo. Contamos con pocos estudios en

209

nuestro contexto.

INVESTIGACIÓN NECESARIA

Necesitamos una investigación amplia capaz de mezclar datos de carácter descriptivo con estudios de corte comprensivo. Necesitamos vincular los resultados de la investigación a datos objetivos y de relevancia social como éxito académico medido en términos de producción científica, eficacia docente y dedicación a la gestión. Necesitamos que la investigación aporte evidencias en las que sustentar los programas de formación, acreditación y evaluación de los académicos.

En cada uno de los tópicos revisados anteriormente hemos ido señalando la necesidad de incrementar la investigación cuantitativa que permita la comparación y su complementación con investigaciones de carácter cualitativo que permitan la comprensión de algunos fenómenos desde la perspectiva de los participantes. A pesar de ello, nos parece oportuno recoger unas recomendaciones generales sobre el futuro de la investigación sobre formación del profesorado que clarifiquen y ordenen cada uno de los aspectos expuestos con anterioridad.

Las principales recomendaciones para una nueva agenda de investigación en formación docente son:

(a) Investigación encuadrada en marcos teóricos relevantes.

(b) Clarificar convenientemente los términos

(c) Completar la descripción de los métodos seguidos para la recopilación y el análisis de los datos

(d) Desarrollo de más programas de investigación

(e) Atender al impacto de la formación del profesorado sobre el aprendizaje de los docentes y su práctica profesional

(f) Investigar las relaciones entre aprendizaje profesional docente y aprendizaje del alumnado

(g) Realizar estudios con métodos multidisciplinares y mixtos

(h) Reforzar los instrumentos de medida del conocimiento y las destrezas profesionales docentes

(i) Realizar investigación comparada de programas alternativos de formación docente y de sus resultados

(j)   Extensión de la investigación a los tópicos y temas menos estudiados

(k)   Ayudar a los docentes a cerrar las lagunas de falta de eficacia docente

(l)   Incrementar la variabilidad de contextos y participantes en las investigaciones

(m) Conocer el impacto de los modelos curriculares, instructivos y organizativos de la formación docente

(n)   Investigar programas alternativos, organizativa y estructuralmente, para la formación docente

(o)   Validez predictiva de los criterios de admisión a los programas de formación docente

(p)   Construir bases de datos nacionales con datos de estudiantes de profesorado, profesores en ejercicio y bolsa de reposición de profesorado jubilado

(q)   El papel de la formación en disciplinas y áreas curriculares en los programas de formación del profesorado

(r)   Análisis sistemáticos de itinerarios formativos seguidos por los docentes

(s)   Estudios de caso en profundidad

(t)   Enlaces entre formación adquirida y práctica realizada

(u)   Efecto de las políticas de formación y evaluación en la práctica docente y el aprendizaje del alumnado

(v)   Mejorar la financiación para la investigación en formación docente

(w)   Formar a investigadores en educación y prepararlos para los procesos de revisión de pares

(x)   Experimentar nuevos modelos de colaboración en la investigación sobre formación docente

Queda pues un gran camino para fortalecer las investigaciones en formación del profesorado y el fortalecimiento de los diseños, métodos, técnicas, instrumentos de recogida de información y estrategias de análisis, son aspectos calve que habremos de cuidar muy especialmente quienes nos dedicamos a ello.

2. Sentido formativo de la innovación

2.1. Impulso a la innovación educativa

Los teóricos de la innovación educativa suelen afirmar que son necesarios tres factores para que se produzcan las ansiadas mejoras en la educación: a) que exista una fuerte presión externa que demande el cambio; b) que exista un importante núcleo dentro de la propia institución que sea sensible a la necesidad del cambio; y c) que se cuente con un modelo alternativo de funcionamiento de la institución hacia el que sea factible dirigir los esfuerzos individuales e institucionales de cambio. Es la investigación la que sienta las bases y ofrece los argumentos para impulsar la innovación a partir de los procesos de transferencia de modelos de éxito.

En las instituciones educativas de hoy, la presión externa la ejerce la necesidad de converger en un espacio internacional de comparación con estándares de calidad. Por su parte, la sensibilidad interna está cada vez más extendida en los gestores de la formación y, esto es lo más importante, entre los propios formadores que advierten la falta de ajuste entre las metas formativas propuestas y los logros alcanzados en términos de aprovechamiento y capacidades adquiridas por los alumnos y participantes. En tercer lugar, el avance de la pedagogía y de la psicología educativa nos ha proporcionado conocimiento fiable de la educación, contrastado ya suficientemente en experiencias prácticas, como para poder abandonar con seguridad el modelo más tradicional de formación centrado en la transmisión de contenidos y sustituirlo por un nuevo modelo formativo centrado en la construcción de conocimiento y la generación de competencias.

Estamos, por tanto, en el momento idóneo para facilitar un profundo cambio educativo en las instituciones formativas. Un cambio que transforme de raíz la dirección y la calidad de las interacciones educativas que se producen en las instituciones, dentro de las aulas, en la relación entre educadores y alumnos.

2.2. Innovación centrada en la institución educativa

La institución educativa es el núcleo básico de innovación. Esto es, la mejora de la educación, se entiende que pasa, como lugar estratégico del cambio, por la reconstrucción de los Centros y las instituciones como organizaciones educativas y como lugares de formación e innovación no sólo para los alumnos, sino también para los propios profesionales de la educación. Para que ello ocurra, se requiere optimizar las situaciones organizativas de trabajo, como potenciales contextos de formación e innovación, de modo que se propicien dinámicas que posibiliten el cambio de la organización.

Tanto los posibles cambios en la estructura organizativa, como la propia capacitación de los profesionales se convierten en elementos para la reconstrucción interna de las instituciones, promoviendo nuevos modos de hacer y pensar la educación, reuniendo los apoyos y condiciones "ecológicas" favorecedoras como puedan ser la articulación de nuevos espacios sociales, organizativos, laborales y nuevos campos de decisión; al tiempo que dinámicas coherentes que posibiliten un nuevo ejercicio de la profesionalidad educativa.

En el fondo, hemos llegado a reconocer que, si desde la política educativa es cierto que se pueden "implantar" cambios, bien sabemos que estos no llegarán a formar parte viva de las instituciones y a promover una mejora, si no sitúan a los profesionales con un papel activo de agentes de mejora y provocan un desarrollo organizativo interno en las propias instituciones. Los cambios educativos, que quieran tener una incidencia real en la vida institucional, tendrán que generarse desde dentro y capacitarla para desarrollar su propia cultura innovadora, incidiendo en la estructura organizativa y laboral, al rediseñar los contextos laborales, y potenciar la toma de decisiones y el desarrollo institucional u organizativo, con el objetivo de implicar a todos los actores en un análisis reflexivo de sus prácticas educativas.

2.3. Nuevo sentido del enfoque del desarrollo organizativo

Frente a una visión de la innovación educativa centrada en los aspectos substantivos del currículum   para la cuál los cambios organizativos son necesarios en la medida en que facilitan o dificultan la toma de decisiones curriculares y la adopción de cambios significativos, y desde la consideración de la organización educativa como una realidad cultural antes que como unidad estructural del sistema educativo, la idea central del desarrollo organizativo es que el cambio educativo es, en sí, un cambio organizativo pues siempre consiste en una reconstrucción de la cultura organizativa.

El objetivo esencial del desarrollo organizativo es el desarrollo de un sistema de autorrenovación en la organización, la institucionalización de estrategias de mejora continua, la instauración de un clima de colaboración, la creación de mecanismos de resolución de conflictos y la toma informada de decisiones para la gestión de la organización. Se pretenden el cambio y la mejora de la organización en base a estrategias de innovación. Así surge un movimiento que agrupa diversas líneas de desarrollo de las institución educativas, que no pueden basarse exclusivamente en modificaciones de la estructura organizativa. Se trata de transformar organizaciones que han sido creadas desde y para la estabilidad, en organizaciones que deben ser estructuradas en torno al concepto de cambio como mecanismo de adaptación a un sistema social –y educativo- cambiante. Todo ello significa reconocer un cierto avance en las concepciones de fondo de las estrategias de desarrollo organizativo, que se adaptan, ahora, al marco interpretativo de la institución como realidad cultural y, más allá de ello, abren un espacio al marco de análisis crítico de la micropolítica escolar en el seno de la organización, en su reconceptualización.

Ante este enfoque, el primer supuesto básico o afirmación radical que queremos mantener, respecto al desarrollo organizativo, es que no resulta posible lograr la mejora escolar mediante la suma coordinada de individualidades por muy excepcionales que pudieran ser. Lo que no quiere decir, que la excepcionalidad docente de los profesionales en cuanto individuos, sea el mejor punto de partida para la capacitación del equipo. El equipo educativo no es una suma de individuos sino una realidad organizativa construida en la interacciones de carácter profesional entre sus miembros. Es a ésta realidad construida a la que se dirige la acción formativa. Ni que decir tiene, que la capacitación del equipo se convierte en un escenario privilegiado para el desarrollo profesional de cada uno de los educadores.

Como resultado de los procesos de desarrollo organizativo se espera que el profesional cambie su manera de concebir la enseñanza y adopte una nueva visión de su práctica profesional en la que el aula –como contexto social y de relación con el alumnado- y la materia de formación –como espacio de relación con la cultura- no supongan barreras infranqueables que delimiten puestos de resistencia profesional o núcleos estancos –los únicos ámbitos- para la reflexión sobre la mejora educativa. La historia personal, la tradición en formación inicial y la especialización docente juegan a favor de esa situación que se asume como natural en la lógica profesional. Pero el desarrollo organizativo sólo es posible desde un paradigma alternativo al que la práctica de la socialización profesional niega la mayoría de las veces el acceso: el paradigma de la colaboración –que define los límites y posibilidades del desarrollo organizativo como escenario de la profesionalización-.

La mejora de la organización no se logra mediante la adopción de cambios puntuales por muy relevantes que sean. Los cambios puntuales son buenos, necesarios y, a veces, inaplazables. Pero con ellos, en la mayoría de las ocasiones, sólo se consiguen avances cuantitativos en la calidad del servicio que presta una institución. Aún cuando los cambios sean radicales y supongan verdaderos avances cualitativos en la mejora educativa, la mejora puntual, aislada, no es el desarrollo de la organización. Por desarrollo organizativo entendemos el aprendizaje, la experimentación, el entrenamiento y la institucionalización de los procesos que permiten la introducción de cambios para la mejora de manera permanente.

El objetivo central del desarrollo organizativo es la capacitación para el cambio y no la mejora puntual en aspectos concretos de la educación que, siendo algo bueno y deseable, no puede confundirse con la otra finalidad que es la básica. Evidentemente, desde este nuevo escenario del desarrollo profesional, el objetivo formativo no reside en el aprendizaje de una nueva destreza o disposición para la educación, sino en la apropiación personal de las herramientas intelectuales, las destrezas socio-profesionales y las disposiciones a la colaboración que facilitan el desarrollo organizativo.

2.4. Resistencia al cambio

La cultura organizativa que actúa como factor de resistencia no sólo al cambio educativo sino al desarrollo profesional es, a su vez, la clave del desarrollo desde modelos que residan en la reconstrucción cultural de la realidad organizativa como eje de la transformación profesional.

Las culturas, la cultura escolar también, juegan una función de consolidación de las estructuras de poder, de conocimiento y de interrelación social en los grupos humanos. En cuanto plataforma de consolidación no sólo aporta seguridad a los miembros del grupo sino que les ofrece estrategias identificatorias colectivas desde las que construir su propio juicio crítico, como hemos visto en el capítulo 4, que les impiden evaluar de manera abierta, sin prejuicios, las bondades de los posibles cambios que amenacen las estructuras de poder o de conocimiento que legitiman al grupo.

Esto es, la cultura juega una función protectora del grupo –que va más allá de la protección de sus miembros- que emplea la resistencia al cambio como arma fundamental para su pervivencia en el tiempo. La cultura organizativa en las escuelas difícilmente escapa a este esquema. No sólo proporciona estrategias identificatorias, sino que también facilita argumentos para el mantenimiento de las situaciones y de defensa contra las agresiones exteriores en forma de propuestas de cambio. Esto es, actúa de factor de resistencia al cambio. No ocurre igual ni con la misma intensidad con todos los cambios.

La propuesta para el vencimiento a esta resistencia no puede ser la imposición de los cambios (algo que la administración hace con demasiada frecuencia) que, lejos de modificarlo, reafirman el armazón cultural de la institución educativa. Ni la facilitación externa de nuevos patrones culturales para la organización (lo que no es posible si la cultura es una realidad construida que reside en las interacciones entre los miembros del grupo). La facilitación de los procesos de mejora sólo puede venir de la reconstrucción de la cultura del centro mediante procesos de resocialización, como apunta Bolívar (1999), que permitan a la institución apropiarse de la innovación, porque es propia o se hace propia (institucionalización del cambio), y a cada profesional le permite apropiarse de las nuevas pautas culturales.

216

2.5. Reconstrucción cultural como estrategia de innovación

Fullan (1993) señaló los siguientes siete principios aplicables a los procesos de cambio en las organizaciones educativas: (1) los cambios que alcanzan significación relevante en la vida de las instituciones educativas no pueden ser impuestos, sino que han de ser el resultado de la transacción y el consenso; (2) los cambios educativos se hacen realidad a lo largo de un proceso activo que compromete a todos los miembros de la institución, y no como una lista de tareas que han de acometer; (3) la existencia de problemas es una realidad consustancial con los procesos de cambio pues ninguno de ellos se lleva acabo sin superar dificultades y, siempre, acometen situaciones que entrañan dificultades en función de las cuales se establecen la visión y la planificación estratégica; (4) en los procesos de implantación de cambios e innovaciones educativas se debe contar tanto con las aportaciones de los grupos tanto como con las de los miembros individuales de los mismos que se manifiesten más dispuestos a la participación y a la creatividad; (5) las soluciones adoptadas deben eludir los dos extremos opuestos del centralismo y la descentralización a ultranza; (6) la relación con el contexto es determinante en la implantación de innovaciones; (7) hemos de asumir como presupuesto esencial que el cambio es producto derivado de la acción de las personas, de todas y cada una de las que interaccionan en la institución y actúan como un potencial agente o un posible freno para el cambio. Es preciso contar con todas ellas.

La cultura organizativa es tanto "objetivo" cuanto "contexto" del cambio en la escuela. Objetivo del cambio, puesto que es imposible concebir la mejora escolar mediante una transformación del proceso educativo sin transformar las condiciones institucionales o estructuras organizativas que configuran ese proceso. Contexto del cambio, por cuanto la organización aporta las dimensiones que posibilitan la estrategia de mejora. En ambos casos hay que concluir que el cambio no es un problema técnico sino cultural que requiere, por tanto, centrarse en la consideración global de la institución educativa como lugar de producción de conocimiento y de trabajo y en la creación de nuevos significados compartidos por el grupo social que compone la institución.

En la medida en que el problema del cambio es que propone una nueva visión de la educación, que puede ser compatible, o no, con la cultura de la organización donde pretende desarrollarse, su posible éxito estará en el ámbito de la reconstrucción cultural. Muchas innovaciones fracasan desde dentro por los valores y creencias que sustentan la cultura de la organización que se pretende cambiar.

Pero el problema de reconstrucción cultural es un asunto de desarrollo profesional, de manera que los tipos de cultura escolar más proclives a la apropiación interna de las innovaciones mediante la reconstrucción cultural son aquellos donde los profesionales gozan de relaciones colaborativas y asume el liderazgo de los procesos de mejora.

Promover esa relación de colaboración, favorecer estructuras de liderazgo cooperativo y comprometido, facilitar al profesorado las estructuras formativas de apoyo que precisan para iniciar la andadura del desarrollo organizativo y la reconstrucción cultural de las instituciones para innovar y mejorar la educación, es lo que pretenden los modelos de integración de desarrollo organizativo y desarrollo profesional.

La visión que hemos expuesto de la naturaleza del desarrollo organizativo enfocada en el cambio hacia la mejora de la escuela como objeto de interés compartido con el desarrollo curricular y el desarrollo profesional está orientada hacia la reestructuración institucional desde la reconstrucción cultural. La profesionalización es la capacitación de los profesionales, en el ámbito de su autonomía, para gestionar la mejora del centro. La formación y el perfeccionamiento adquieren un papel subordinado al proceso de profesionalización en el que están implicados, de manera voluntaria, los docentes. Frente a estos dos movimientos de reestructuración, surge, de la comunidad discursiva de las políticas culturales, la crítica −el desvelamiento de los intereses no declarados- hacia sus propuestas y procesos de cambio como discurso político necesario como actividad de reflexión intelectual pero incapaz aún de presentar propuestas de cambio que con una clara intención política, renuncien a la universalidad y la generalización de las propuestas y apuesten, siguiendo las posturas de la hermenéutica postmoderna, por la individualidad y la identidad contextual de la profesionalización.

2.6. Sostenibilidad de la innovación

A efectos analíticos de implantación de una innovación, que implica un cambio en la estructura de los programas y centros de formación de formadores, tiene interés diferenciar un conjunto de fases sin suponer, con ello, que el análisis tenga que ocurrir necesariamente así en todos los contextos innovadores. Pero se ha hecho común hablar de un proceso global de desarrollo en el que pueden reconocerse distintos procesos:

(a) Proceso de iniciación o movilización al cambio que comprende las fases de diseño, difusión y adopción.

(b) Proceso de implantación o desarrollo que necesita planificación y apoyo a la implementación.

(c) Proceso de institucionalización que implica la incorporación al sistema y la evaluación de su impacto.

Estos tres procesos van unidos formando un todo. La clasificación, hecha desde la perspectiva de la implantación, tiene la virtualidad de suponer que el diseño no garantiza su implantación, ni ésta su institucionalización. Por eso, actualmente, se tiende a ver el desarrollo planificado de una nueva política educativa como un conjunto de etapas que de un modo fluido se solapan o superponen; donde lo importante no son los procesos aislados sino el contexto o "clima" favorecedor del cambio.

Hoy suele asimilarse el proceso de institucionalización del cambio a un proceso de aprendizaje, tal y como puede ser comprendido desde las teorías constructivistas. El nuevo currículum es moldeado o activamente construido por el docente, el aprendiz, que parte de sus experiencias, comprensión y conocimiento previo, que está configurado por condiciones contextuales que están determinadas por la naturaleza de su interacción con la propia cultura profesional. El estudio de la institucionalización requiere entonces una teoría del aprendizaje y de la formación docente que nos permita comprender bajo qué condiciones se tiende a poner en práctica determinados mandatos externos y bajo cuáles otras no, así como a identificar cuáles son las condiciones en que los docentes puedan aprender a cambiar.

Los formadores no construyen una nueva visión curricular sólo a partir de la lectura de los documentos políticos. La información de estos documentos es filtrada o "moldeada" desde el conjunto de conocimientos, creencias, disposiciones y experiencias previas vividas anteriormente en su relación con la administración educativa, y desde la visión particular de la profesión que cada docente mantiene de acuerdo a su especialidad académica, a su historia profesional o a sus prácticas de enseñanza cotidianas.

Pero esta visión individual o identidad profesional que actúa de filtro de la innovación se ha construido a partir de una interacción con la cultura profesional en la que el que la institución educativa, en cuánto realidad cultural construida entre sus miembros, juega un papel primordial. Es por ello por lo que se ha llegado a la conclusión de que no es posible un desarrollo curricular sino en el contexto de la institución formativa como unidad básica de cambio. Es decir, inscrito el cambio en su contexto social natural, la institución formativa, habrá que intentar promover un proceso de autotransformación colectiva de la propia realidad educativa a través de la reflexión y revisión conjunta de la propia práctica. Y ahí encuentran su sentido los planteamientos curriculares abiertos que necesitan de esa acción conjunta del profesorado de una institución para configurar acciones prácticas posibles. Porque fuerzan el proceso de autotransformación colectiva.

Además de que acaban con la separación entre diseñadores expertos curriculares y trabajadores de la puesta en práctica del currículum, reproductora de la separación teoría práctica y de la regulación del trabajo docente, para proponer la participación de los agentes en todas las fases del proceso de desarrollo, desde el diseño a la evaluación, mediante la constitución de comunidades de profesionales reflexivas y de aprendizaje en las instituciones formativas.

La evaluación debe contribuir a enriquecer el discurso público de la comunidad educativa sobre el sistema educativo. Debido a que parece constatado que casi nunca se hacen cambios significativos en función de los resultados de la evaluación, la difusión de los informes de evaluación debían dirigirse a promover un "uso ilustrado", esto es, ilustrar a los patrocinadores, clientes y agentes proporcionando información para comprender y reflexionar sobre la situación, fomentar contextos en que pueda darse una interacción social y un debate sobre las prácticas formativas habituales en función de la evaluación.

* * *

Lo que hemos aprendido

1 La investigación en formación de profesionales está muy desconectada de los avances en investigación educativa.

2 Es necesario avanzar en investigación sobre aspectos sociodemográficos de los profesionales, calidad, efecto de los Trabajos Fin de Grado, efecto de cursos de metodología y currículum, modelos formativos, formación para la diversidad, trabajo con personas con necesidades educativas especiales, efectos de la evaluación profesional, programas de formación y profesionalización de docentes universitarios.

3 Se precisan investigaciones con grandes muestras, estudios correlacionales y estudios longitudinales, que sean completados con estudios de caso.

4 Se necesitan investigaciones que relacionen la formación de los profesionales de la educación con el éxito de los programas formativos y el rendimiento de los alumnos y participantes.

5 Las condiciones para impulsar la innovación educativa son: la presión externa, la sensibilidad interna, y la disposición de modelos alternativos de formación fundamentados en su éxito. La investigación sienta las bases de la innovación a partir de los procesos de transferencia.

6 La institución educativa es el foco de la innovación y la mejora.

7 El objetivo de la innovación educativa debe ser el desarrollo organizativo antes que la solución parcial de problemas específicos.

8 La cultura organizativa es un factor de resistencia a la innovación. La reconstrucción cultural es la estrategia más eficaz de cambio.

9 La profesionalización de los profesionales de la educación cabe entenderla como capacitación para gestionar la mejora y el cambio institucional.

10 La matriz de marco lógico es una buena herramienta para gestionar proyectos de innovación.

Cuestiones prácticas

1 Revisa las tablas que hemos elaborado para cada tópico de investigación propuesto sobre la formación y el desarrollo profesional. Complétala con el tipo de diseño que piensas que mejor puede ajustarse al tema de investigación propuesto. Elige el tópico que te parezca más interesante. Encuentra una investigación que sirva de antecedente a ese tema de investigación. Coméntala.

2 Plantea un diseño de innovación para un contexto educativo concreto. Construye la matriz de marco lógico de tu proyecto de innovación. Construye la Carta Gantt de tu proyecto de innovación. Elabora el presupuesto de tu proyecto de innovación. Construye los instrumentos de evaluación que sean necesarios para recoger información sobre los indicadores que incluiste en la matriz de marco lógico de tu proyecto de innovación.

Cuestiones de indagación

Realiza un diseño de investigación sobre formación y desarrollo profesional de profesionales de la educación siguiendo la siguiente estructura: (a) problema y objetivos; (b) hipótesis; (c) antecedentes; (d) método; (e) población y muestra; (f) instrumentos, construcción, aplicación y procedimiento de análisis; (g) alcance de los resultados previstos.

Referencias

Albert, S. (1998). The definition and metadefinition of identity. En Whetten, D.A. y Godfrey, P.C.: *Identity in organizations. Building theory through conversations,* 1-13. Thousand Oaks: Sage.

Allen, M. N. (2003). *Eigth quetions on teacher preparation: What does the research say?* Denver: Education Comission of the States.

Ashforth, B. E. y Johnson, S. A. (2001). Which hat to wear? The relative salience of multiple identities in organizational contexts. En Hogg, M.A. y Terry, D.J.: *Social identity processes in organizational contexts* 31-48. Philadelphia: Psychology Press.

Ballou, D. y Poggursky, M. (2000). Reforming teacher preparation and licensing: What is the evidence? *Teachers College Record, 102* (1), 5-27.

Barbier, J. M. (1996): De l'usage de la notion d'identité en recherche, notamment dans le domaine de la formation , *Education Permanente, 128,* 11-26.

Benavente, A. y Panchaud, C. (2008). Good practices for transforming education. *Quarterly Review of Comparative Education, 38* (2), 161-170.

Beijaard, D., Meijer, P. C. y Verloop, N. (2004). Reconsidering research on teachers' professional identity, *Teaching and Teacher Education, 20* (2), 107-12.

Bolívar, A. (1999). *Cómo mejorar los centros educativos.* Madrid: Síntesis.

Bork, A., y Gunnarsdottir, S. (2002). *Tutorial Distance Learning. Rebuilding Our educational System.* N.Y.: Kluwer Academic/Plenum Publishers.

Burden, P. R. (1980). *Teachers´perceptions of the caracteristics and influences an their personal and professional development.* Manhattan, KS: Author.

Burden, P. R. (1990). Teacher Development. En Houston. W.R. (ed.), *Handbook of Research on Teacher Education.* New York: Macmillan, 311-328.

Cabaree, D. F. (1999). Poder, conocimiento y racionalización de la enseñanza: genealogía del movimiento por la profesionalidad docente. En Angulo, J. F., Barquín, J. y Pérez Gómez, A.I. (eds.) (1999). *Desarrollo profesional del docente: política, investigación y práctica*. Madrid: Akal, 16-51.

Cochran-Smith, M. (2004). *Walking the road: race, Diversity and social justice in teacher education*. New York: Teachers College Press.

Cochran-Smith, M. y Fries. K. (2005). Researching teacher education in changing times: politics and paradigms. En Cochran-Smith y Zeichner: *Studying teacher education. The report of the AERA panel on research and teacher education*. Washington: AERA, 69-109.

Cochran-Smith, M. y Lyttle, J.W. (2001). Beyond certainty: taking and incurrí stance on practice. En Lieberman y Miller (comps.): Teachers caught in the action: professional development that matters, 45-58. New York: Teachers College Press.

Cochran-Smith, M. y Zeichner, K. M. (2005). *Studying teacher education. The report of the AERA panel on research and teacher education*. Washington: AERA.

Coll, C. (2009). Enseñar y aprender en el siglo XXI: el sentido de los aprendizajes escolares. En Tedesco y Coll (coords.): *Calidad, equidad y reformas en la enseñanza*. Madrid: OEI.

Comisión Europea (2008). *Eurotrainer. Making lifelong learning possible. A study of the situation and qualification of trainers in Europe*.

Comisión Europea (2007). *Mejorar la calidad de la formación del profesorado*. COM 2007, 392 final.

Darling-Hammond, L. y Youngs, P. (2002). Defining "Highly Qualified Teachers" what does "Scientifically-Based Research" actually tell us? *Educational Researcher, 31* (9), 13-25.

Day, C., Elliot, B., y Kington, A. (2005). Reform, standars and teacher identity: challenges of sustaining commitment. *Taching and Teacher Education, 21*, 563-577.

Day, C., Sammons, P., Stobart, G., Kington, A. y Gu, Q. (2007). *Teachers matter: connecting work, lives and effectiveness*. Buckingham (UK): Open University Press.

De Vicente, P.S. (1998). *Construcción y validación de un modelo de evaluación de formación permanente del profesorado basado en el conocimiento, la colaboración y la reflexión.* CIDE: Memoria de Investigación.

Domingo, J. y Fernández Cruz, M. (1999). *Desarrollo personal y formación.* Bilbao: Mensajero.

Dubar, C. (1992): Formes identitaires et socialisation professionnelle , *Revue Française de Sociologie, 33* (4), 505-529.

Elbaz, F. (1991). Research on teachers' knowledge: the evolution of a discourse. *Journal of Curriculum Studies, 23* (1) 1-21.

Fernández Enguita, M. (2006). Los profesores cuentan. *Revista de Educación, 340,* 59-65.

Erickson, E. H. (1980). *Identity and the life cicle.* New York: WW Norton.

Escudero, J. M. (1998). Consideraciones y propuestas sobre la formación permanente del profesorado. *Revista de Educación, 317,* 11-29.

Esteve, J. M. (2003). *La tercera revolución educativa: la educación en la sociedad del conocimiento.* Barcelona: Paidós.

Esteve, J. M. (2006). La profesión docente en Europa: perfil, tendencias y problemática. La formación inicial. *Revista de Educación, 340,* 19-25.

Fernández Cruz, M. (1995). Ciclos en la vida profesional de los profesores. *Revista de Educación, 306,* 153-203.

Fernández Cruz, M. (1998). Ciclos de vida de la enseñanza. Y "Para saber más". *Cuadernos de pedagogía, 266,* 52-57 y 76-78.

Fernández Cruz, M. (2005). Formación de recursos humanos en organizaciones sociales. *Formación XXI. Revista de Formación y Empleo, 1.* En línea.

Fernández Cruz, M. (2006). *Desarrollo profesional docente.* Granada: Geu.

Fernández Cruz, M. (2007). Claves de la formación de postgrado de los profesionales de la formación. Propuesta curricular de un Master Erasmus Mundus. *Formación XXI. Revista de Formación y Empleo, 6.*

Fernández Cruz, M. (2008). El prácticum en la construcción del conocimiento profesional docente. En Correa: *Vers une conceptualisation de la situation de stage: explorations internationales.* Sherbrooke: Éditions CRP, University of Sherbrooke.

Fernández Cruz, M. (2009). Indagación e innovación en didáctica. En Medina, y Salvador: *Didáctica general*. Madrid: Pearson Ed. Prentice Hall (2ª ed.) 363-352.

Fernández Cruz, M. (2010). Aproximación biográfico-narrativo a la investigación sobre formación docente. *Profesorado. Revista de currículum y formación de profesorado, 14* (3), 17-32.

Fernández Cruz, M. y Gijón, J. (2011). Nuevas políticas de profesionalización docente en la Educación Superior. *Journal for Educators, Teachers and Trainers, Vol. 2*, pp. 92-106.

Fernández Cruz, M. y Gijón, J. (2012). Formación de profesionales basada en competencias. *Journal for Educators, Teachers and Trainers, Vol. 3*, pp. 109-119.

Fernández Cruz, M. y Romero, A. (2010). Análisis de buenos docentes universitarios. *Revista Portuguesa de Pedagogía, 44-1*, 1-30.

Fernández Cruz, M. y otros (2009). La torre de PISA tambalea el Sistema Educativo español. *Revista Portuguesa de Pedagogía, 43 (2),* 275-304.

Ferreres, V. (1992c). Proyecto Docente de acceso a cátedra. Universidad Rovira y Virgili.

Fullan, M. (1993): *Change forces. The depths of educational reform.* The Falmer Press. Londres.

Fullan, M. (2002). *Los nuevos significados del cambio en educación.* Barcelona: Octaedro.

Fuller, F. F. y Bown, O. H. (1975). Becoming a teacher. En Ryan: *Teacher Education.* Chicago: Univ. Of Chicago Press.

Gage, N. (ed.) (1963). *Handbook of research on teaching.* Chicago: Rand McNally.

Gallego, M. J., Gámiz, V. y Romero, M. A. (2009). Pixel-Bit: Revista de medios y educación, 34; 135-150.

Gewerc, A. (2008). Modelos de enseñanza y aprendizaje presentes en los usos de plataformas de e-learning en universidades españolas y propuestas de desarrollo. Informe Final. Secretaría de Estado de Universidades e Investigación. Programa de Estudios y Análisis.

Gimeno, J. (1998). *Poderes inestables en educación.* Madrid: Morata.

Goia, D. A. (1998). From individual to organizational identity. En Whetten, D. A. y Godfrey, P. C.: *Identity in organizations. Building theory through conversations.* Thousand Oaks: Sage Pub. (17-31).

Gross, B. y Silva, J. (2005). *La formación del profesorado como docente en los espacios virtuales de aprendizaje.* Revista Iberoamericana de de Educación. 36, 14 pp.

Grossman, P. y McDonald, M. (2008). Back to the future: directions for research in teaching and teacher education. American Educational Research Journal, 45 (1), 184 – 205.

Guskey, T. R. (2003). *The caracteristics of effective professional development: a synthesis of lists:* ERIC ED. 478380.

Hanna, D. E. (2000). *Higher education in an era of digital competition, choices and challenges.* Atwood Publishing.

Hanushek, E. (2002). Teacher quality. En Izumi y Evers (eds.): *Teachers quality* (1-12). Palo Alto: Hoover Institution.

Hargreaves, A. y Fink, D. (2006). Estrategias de cambio y mejora en educación caracterizadas por su relevancia, difusión y continuidad en el tiempo. *Revista de Educación, 339,* 43-58.

Hodenfield, G. K. y Stinnett, T. M. (1961) *The Education of Teachers. Conflict and Consensus.* New Jersey: Prentice Hall.

Hogg, M. A. y Terry, D. J. (2001). *Social identity processes in organizational contexts.* Philadelphia: Psichology Press.

Hopkins, D. y Stern, D. (1996). Quality teachers, quality schools: international perspectives and policy implications. *Teaching and Teacher Education, 12* (5), 501-517.

Hoyle, E. (1995). Social status of teaching. En Anderson, L.W.: *International enciclopedya of teaching and teacher education.* Columbia: Pergamon, 58-61.

Huberman, M. (1989). The professional life cycle of teachers. *Teachers College Record, 91* (1), 31-57.

Huberman, M., Thompson, C. L. y Weiland, S. (1997). Perspectives on the teaching career. En Biddle, B.J., Good, T.L. y Goodson, I.F. (Eds.). *International Handbook of Teachers and Teaching.* Dordrecht: Kluwer, 11-78.

Hughes, S. A., Pennington, J. L., y Makris, S. (2012). Translating autoethnography across the AERA standards: Toward understanding autoethnographic scholarship as empirical research. *Educational Researcher.* August/September. 41(6).

Humphreys, M. y Brown, A. (2002). Narratives of organizational identity and identification: A case study of hegemony and resistance. *Organization Studies, 23* (3), 421-447.

Imbernon, F. (2006). La profesión docente desde el punto de vista internacional ¿qué dicen los informes?. *Revista de Educación,*

340, 41-50.

Ingvarson, L., Meiers, M. y Beavis, A. (2005). Factors affecting the impact of professional development programs on teachers´knowledge, practice, students outcomes and efficacy. *Educational policy análisis archives, 13* (10), en línea.

Kanstoroom, M. y Finn, C. (1999). *Better teachers, better schools.* Washington: Thomas B. Fordham Foundation.

Keeley-Browne, L. (2009). *Training to teach in the learning and skills sector.* Edinburg: Pearson Education.

Kelchtermans, G. (2004). CPD for professional renewal: moving beyond knowledge for practice. In Day (ed.): *International handbook on the continuing professional development of teachers.* Berkshire: McGraw-Hill Education.

Kemmis, S. (1999). La investigación-acción y la política de la reflexión. En Angulo, J.F. Barquín, J. y Pérez Gómez, A.I. (eds.). *Desarrollo profesional del docente: política, investigación y práctica.*Madrid: Akal, 95-118.

Kosnick, C. y Beck, C. (2009). *Priorities in teacher education.* New York: Routledge.

Lanier, J. E. y Little, J. W. (1986). Research on teacher education. En Witrock, M.C. (ed.). *Handbok of research on teaching.* New York: MacMillan, 527-569.

Leithwood, K. (1992). The principal´s role in teacher development. En Fullan, M. y Hargreaves, A.: *Teacher development and educational change.* London: Falmer Press.

Levinson, D. J. (1978). *The seasons of a man's life.* Nueva York: Alfred Knopf.

Levinson, D. J. (1996). *The seasons of a woman's life.* Nueva York: Alfred Knopf.

Marcelo, C. (1994). *Formación del profesorado para el cambio educativo.* Brcelona: PPU.

Miller, R. (2005). *Biographical research methods.* London: Sage.

Montero, M. L. (2006). Profesores y profesoras en un mundo cambiante: el papel clave de la formación inicial. *Revista de Educación, 340,* 66-86.

Moursund, D. G. (1999). Project-Based Learning using Information Technology. Eugene, OR: ISTE.

Navío, A. (2005). *Las competencias profesionales del formador.* Barcelona: Octaedro.

Nias, J. (1989). Subjectively speaking: english primary teachers'careers. *International Journal of Educational Research, 13*, 391-402.

Nias, J. (1998): Why teachers need their colleagues: A developmental perspective. En A. Hargreaves, A. Lieberman, M. Fullan y D. Hopkins (eds.): *International Handbook of Educational Change*. Dordrecht: Kluwer, 1257-1271.

Oja, S. N. (1995). Adult development and teacher education. En Anderson, L.W.: *International enciclopedya of teaching and teacher education*. Columbia: Pergamon, 535-540.

Pratt, M. G. (2001). Social identity dynamics in modern organizations: and organizational psychology / organizational behaviour perspective. En Hogg, M.A. y Terry, D.J.: *Social identity processes in organizational contexts*. Philadelphia: Psichology Press. (13-30).

Rábade, S. (2003). *El conocer humano*. Madrid: Trotta.

Rivers, J. y Sanders, W. (2002). Teacher quality and equity in educational opportunity: findings and policy implications. En Izumi y Evers (eds.): *Teachers quality* (13-23). Palo Alto: Hoover Institution.

Roberts, B. (2002). *Biographical research*. Philadelphia: Open University Press.

Rose, L. y Gallup, A. (2003). The 35th Annual Phi Delta Kappa / Gallup Pollo f the public´s attitudes Howard the public schools. *Phi Delta Kappan*, 41-56.

Sáenz, O. y Lorenzo, M. (1993). *La Satisfacción del Profesorado Universitario*. Granada: Servicio de Publicaciones de la Universidad.

Salanova, M., Llorens, S. y García-Renedo, M. (2003). ¿Por qué se están quemando los profesores? *Prevención, trabajo y salud, 28*, 16-20.

Salinas, S, J., Pérez, A. y Benito, B. (2008). *Metodologías centradas en el alumno para el aprendizaje de la red*. Madrid: Editorial Síntesis.

Schön, D. (1992). *La formación de profesionales reflexivos. Hacia un nuevo diseño de la enseñanza y el aprendizaje en las profesiones*. Madrid: Paidós/MEC.

Shulman, L. S. (1986). Those who understand: Knowledge growth in teaching. *Educational Researcher, 15* (2), 4-14.

Shulman, L. S. (1998). Theory, practice, and the education of professionals. *The Elementary School Journal, 98* (5), 511-526.

Sikes, P. (1985). The life cycle of the teacher. En S.J. Ball e I.F. Goodson, *Teachers'lives and careers.* London: The Falmer Press, 27-60.

Smyth, J. (1991). Una pedagogía crítica de la práctica en el aula. *Revista de Educación, 294,* 275-300.

Tejada, J. (2009). Profesionalización docente en el escenario de la Europa del 2010. Una mirada desde la formación. *Revista de Educación, 349,* 463-477.

Tejada, J. y Fernández Cruz (2009). La cualificación de los actores de la formación: una mirada desde la profesionalización docente. En Tejada y otros (eds.): *Estrategias de innovación en la formación para el trabajo.* Madrid: Tornapunta (13-44).

Tochon, F. V. (1990). Heuristic schemata as tools for epistemic analysis of teachers' thinking. En *Teaching and Teacher Education, 6* (2), 183-196.

Tochon, F. V. (2010). Deep Education. *Journal for Educators, Teachers and Trainers, Vol. 1,* pp. 1-12.

Ulrich, W. (2000). Reflective practice in the civil society: the contribution of critically systemic thinking. *Reflective Practice, 1*(2), 247-268.

Vaillant, D. (2004). *Construcción de la profesión docente en América Latina : tendencias, temas y debates.* Washington y Santiago, Chile : Programa de Promoción de la Reforma Educativa en América Latina y el Caribe.

Wegge, J. y Haslam, S. A. (2003). Group goal setting, social identity, and self-categorization. Engaging the collective self to enhance group performance and organizational outcomes. En Haslam, S.A., Knippenberg, D.v., Platow, M.J. y Ellemers, N.: *Social identity at work. Developing theory for organizational practice,* 43-59. New York: Psichology Press.

Zabalza, M. A. (2006). Buscando una nueva hoja de ruta en la formación del profesorado. *Revista de Educación, 340,* 51-58.

Zapata M. (2007). La profesión docente en la sociedad de la información, nuevas dimensiones: La ética del trabajo. *RED. Revista de Educación a Distancia, 18;,* 29 pp.

Zeichner, K. M. (1985). Dialéctica de la socialización del Profesor. *Revista de Educación, 277;* 95-123.

Zeichner, K. M. (2010). *La formación del profesorado y la lucha por la justicia social*. Madrid: Morata.

Zeichner, K. M. y Tabachnick, B. R. (1991). Reflections on Reflective Teaching. *Issues and Practices in Inquiry-Oriented Teacher Education*. Lewes: The Falmer Press, 1-21.

Zubieta, J. C. y Susinos, T. (1992). *Las satisfacciones e insatisfacciones de los enseñantes*. Madrid: CIDE.

DEEP UNIVERSITY PRESS
SCIENTIFIC BOARD MEMBERS

Dr. Stephanie Fonvielle, Associate Professor, Teacher Education University Institute, University of Aix-Marseille, France

Dr. Elliot Gaines, Professor, Wright State University, President of the Semiotic Society of America, Internat. Communicology Institute

Dr. Mingle Gao, Dean, College of Education, Beijing Language and Culture University (BLCU), Beijing, China

Dr. Mercedes González Sanmamed, Professor at the University of A Coruña, Spain

Dr. Gabriela Hernández Vega, Professor at the University of Nariño, Colombia

Dr. Liliana Morandi, Associate Professor, National University of Rio Cuarto, Cordoba, Argentina

Dr. Joëlle Morrissette, Professor, Department of Educational Psychology, Université of Montreal, Quebec, Canada

Dr. Martha Murzi Vivas, Professor at the University of Los Andes, Venezuela

Dr. Thi Cuc Phuong Nguyen, Vice Rector, University of Hanoi, Hanoi, Vietnam

Dr. Shirley O'Neill, Associate Professor, President of the International Society for leadership in Pedagogies and Learning, University of Southern Queensland, Queensland Australia

Dr. José-Luis Ortega, Professor, Foreign Language Education, Faculty of Education, University of Granada, Spain

Dr. Surendra Pathak, Head and Professor, Department of Value Education, IASE University of Gandhi Viday Mandir, India

Dr. Luis Porta Vázquez, Professor at the National University of Mar del Plata CONICET (Argentina)

Dr. Shen Qi, Associate Professor, Shanghai Foreign Studies University (SHISU), Shanghai, China

Dr. Timothy Reagan, Professor and Dean of the Graduate School of Education, Nazarbayev University, Kazaksthan

Author's Biosketch

Dr. Manuel Fernández Cruz, Licenciado en Pedagogía y Doctor en Ciencias de la Educación, es profesor de la Universidad de Granada desde 1992. Actualmente es Director del Departamento de Didáctica y Organización Escolar y Coordinador General del Consorcio Internacional MUNDUSFOR (Formación de Profesionales de la Formación). Es coordinador del equipo de investigación sobre Educación Superior y Formación por Competencias del programa de Doctorado en Educación de la Universidad de Granada. El Dr. Fernández Cruz es autor de numerosos artículos y libros sobre el uso del método (auto)biográfico-narrativo en la investigación sobre desarrollo profesional docente. Desde 2010, es Director de Proyectos de la firma consultora labOSfor. El Dr. Fernández Cruz está realizando diversas investigaciones sobre Desarrollo Infantil Temprano en varios países de América Latina y edita la revista profesional y científica Journal for Educators, Teachers and Trainers JETT. Contacto: mfernand@ugr.es

Dr. Manuel Fernández Cruz, Bachelor of Education and Doctor of Education, is Professor at the University of Granada since 1992. He is currently Head of Department in Curriculum and School Administration, and General Coordinator of International Consortium MUNDUSFOR (Erasmus Mundus Master in Professionals in Training). He is also research team coordinator on Competences & Higher Education of the Doctorate on Education at University of Granada. Dr. Fernández Cruz has authored several articles and books about auto-biographical-narrative method, in the field of teachers professional development. Since 2010, he is Director of Programmes of consulting company labOSfor. Dr. Fernández Cruz engages in researches on Early Childhood Development in several countries of Latin America, and he is editor-in-chief of scientific and professional magazine Journal for Educators, Teachers and Trainers JETT. Contact: mfernand@ugr.es

Guide to Authors

What our Publishing Team can offer:

> ➤ An international editorial team, in more than 20 universities around the world.

> ➤ Dedicated and experienced topic editors who will review and provide feedback on your initial proposal.

> ➤ A specific format that will speed up the production of your book and its publication.

> ➤ Higher royalties than most publishers and a discount on batch orders of 25+ copies.

> ➤ Global distribution and marketing in the U.S., UK, Australia, China, Russia, and in many other countries.

> ➤ Fast recognition of your work in your area of specialization.

> ➤ Quality design and affordable sales pricing. Using the latest technology, our books are produced efficiently, quickly and attractively.

> ➤ A global marketing plan, including electronic and web marketing on social networks and review mailing.

> ➤ Book Series: Deep Education; Deep Professional Development; Deep Activism; Deep Research Methodologies; Deep Language Learning; Signs & Symbols in Education; Language Education Policy.